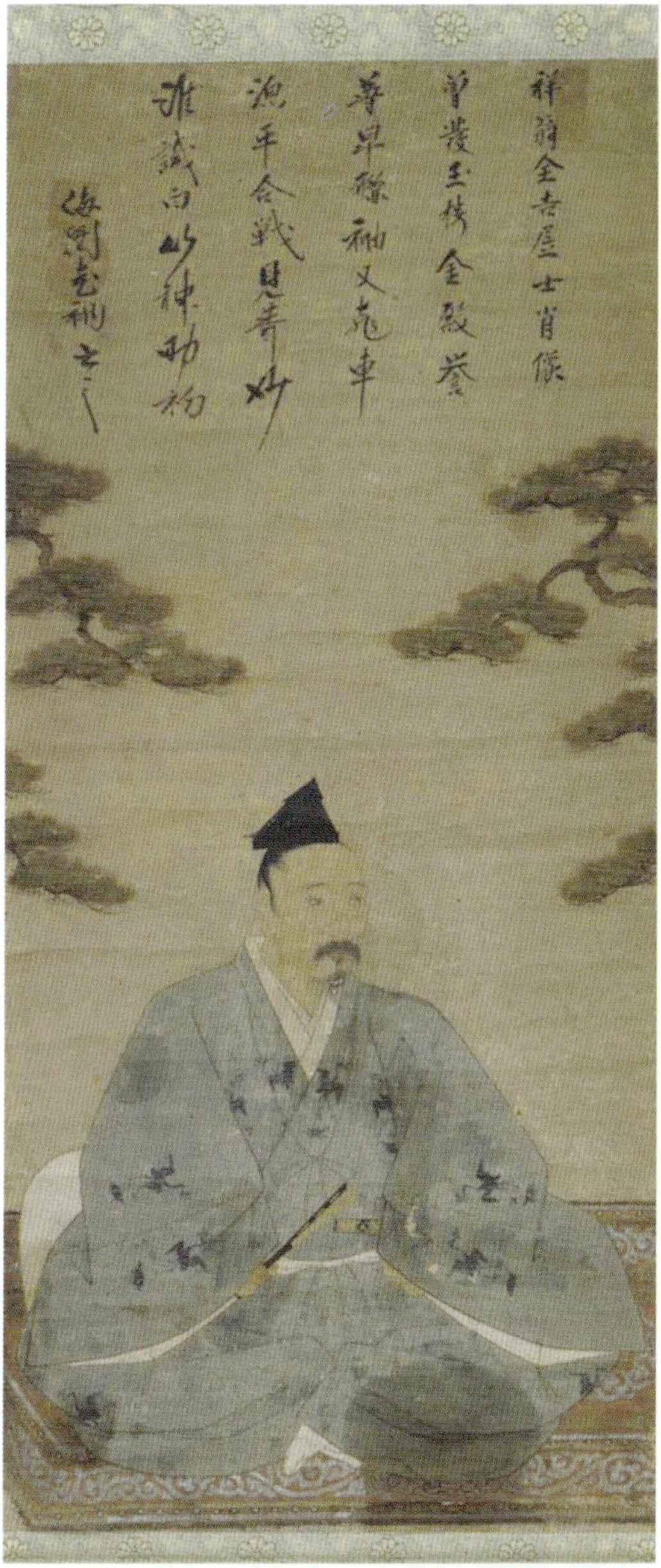

桃井直詮像（東京国立博物館所蔵）

【清和源氏桃井幸若家系譜（略）】

①直詮

（幸若弥次郎家系）
②安義—③義重—④義元《上出家》—⑤義光—⑥義成—⑦誠重—⑧良親—⑨義知—⑩義智—⑪直員—⑫良直—⑬直能—⑭直啓—⑮直包—⑯直誠

（義成より）（幸若徳左衛門）
良忠—資親—⑨尊親—⑩直良—⑪直道—⑫直武—⑬兼親—⑭良敬（榎本）

（幸若八郎九郎家系）
②直継—③義継—④《北家》義矩—⑤義安—⑥義重—⑦直次—⑧義門—⑨義正—⑩重信—⑪直良—⑫義矩—⑬直孝—⑭直光—⑮直忠—⑯直賢—⑰直勝—⑱直孝

（直勝より）義久

（重信より）（幸若興右衛門家系）
直忠—直賢—直員—直吉—吉直—直栄—頼三（秋山）

（義門より）女—九郎左衛門家

（女より）六兵衛（打波）—武兵衛

（義継より）（幸若小八郎家系）
④《南家》直義—⑤吉信—⑥安信—⑦安林—直林—直次—直羽—直熊—直員—直利—直尭

（直林より）（幸若五郎右衛門家系）
常義—常知—直義—⑪安當—⑫安信—⑬安則—⑭安政—⑮安輝

（直林より）（幸若三右衛門家系）
信之（西野）—祐元—⑩春直—⑪将武—⑫純素

（直林より）
⑧安成—⑨安利—安當

（安利より）
安重—⑪義信—⑫直澄—⑬吉純—⑭友十郎（蜂谷）

（幸若庄兵衛家系）
②安正—③常長—④正明—⑤正利

（正利より）（幸若九郎左衛門家系）
女（坂田）—光治—九郎左衛門—九郎左衛門—⑩九郎左衛門—⑪九郎左衛門—⑫九郎左衛門—⑬直教—⑭悦三—⑮直好—⑯直粛

（正利より）
⑥正信—⑦長氏—⑧長親—⑨新八（西桃井家、蜂屋九右衛門の祖）—⑩弥五八

（正信より）宗信

（長氏より）長元

（長氏より）長明（橋本）

（長氏より）
長徳（橋本）—⑨長貞—⑩長恒—⑪長則—⑫長恭—⑬長義—⑭長綱—⑮綱紀（橋本左内）

（長綱より）綱常

（正利より）（幸若伊右衛門家系）
教信—伊右衛門—伊右衛門—⑨伊右衛門—⑩伊之助—⑪伊之助—⑫伊右衛門—⑬伊右衛門

（伊右衛門より）治兵衛

（伊之助より）清直（坂田）—安直（七之丞）

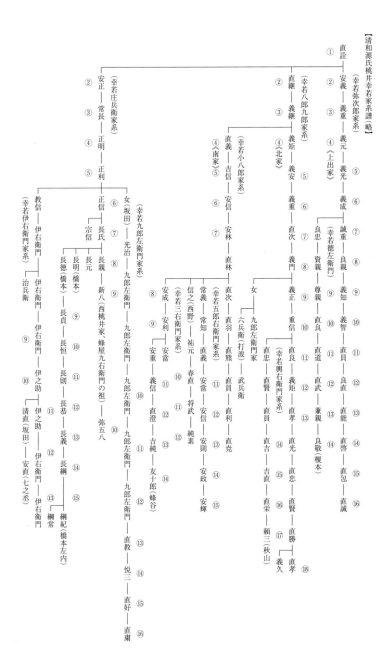

目次

1 「幸若舞《こうわかまい》」の概要

室町時代から江戸時代にかけて隆盛した芸能の一つ、幸若舞曲《こうわかぶきょく》、幸若舞を曲舞《くせまい》ということもあり、舞、舞々《まいまい》という場合もある。長い叙事的な語り物に簡単な動作の舞をともなった芸能、その起源について幸若諸家の系図は、南北朝時代の武将越中（富山県）守護桃井直常《なおつね》の孫幸若丸桃井直詮（なおあき・なおあきら・ただあき）が創始したと伝える。幸若舞という名称は、その大成者桃井直詮の幼名幸若丸にちなんだものとされる。

幸若大夫《たゆう》ということばの記録上の初見は『管見記《かんけんき》』嘉吉《かきつ》二（1442）年五月廿四日の条に幸若大夫稱先日禮來・・・仍又有酒宴」と見える。

また、中原康富日記『康富記』宝徳二（1450）年二月十八日条には、「越前田中香（幸）若大夫参室町殿（足利義政将軍邸、兼幕府政庁花御所）久世舞々之云々」とあり、その出身が同国田中（公家の飛鳥井《あすかい》家所領田中郷）であったことがわかる。

幸若大夫は十五世紀中ごろから京都に進出して、世間の好評を得ていたようすが他の記録からうかがわれる。さらに武将たちの愛顧を受け、領地を安堵されるようになり、桃井幸若家は二世の代に弥次郎家と八郎九郎家に別れ、近世初頭には八郎九郎家から名手小八郎が出て、江戸時代にはこれら三家を中心にほかにも数多くの分家が並立して桃井幸若一族で芸を伝えた。これら三家はそれぞれに由緒書や系図を所持していた。

幸若舞は題材を『平家物語』『曽我《そが》物語』などの軍記物語に取材し、武士舞的な要素が濃いところから、織田信長（幸若舞「敦盛の人間五十年」は有名、幸若領百石の朱印状）、豊臣秀吉（三百石と三百四十五石の朱印状）、徳川家康（幕府幸若領一千二百石）などの戦国武将に愛好され、その庇護下にあった越前幸若家は社会的に恵まれた地位を得て繁栄した（『日本歴史大辞典4』）。

幸若舞が人気を博した室町時代には、他に大頭《だいがしら》、笠屋などの流派もあったが、これらの舞も幸若舞と呼ぶことがある。ただ笠屋については、安楽庵策伝の『醒睡笑』（巻「落書」）に大頭流傘下のワキを勤めた家であることがうかがえる（新日本古典文学大系『舞の本』P593）。地方でも、室町から江戸時代には幸若舞に似た唱門師系の舞があって、この人々は舞々と呼ばれた。近江、河内、美濃、越前、若狭などで舞々が活躍した記録がある（『日本大百科事典』）。

幸若舞は、江戸時代に入ると幕府御用の式楽となり、江戸城中での参賀の席次は能楽者より上であった。しかし、一般世間での人気は新興の歌舞伎や浄瑠璃であり、やがて幕府崩壊とともに滅亡した。

明治に入ると桃井幸若家の人々も禄を離れ、舞も行わなくなった。

幸若舞の詞章は「舞の本」といわれ、五十曲が知られる。江戸時代初頭には読み物としても享受され、三十六曲を編集して「舞の本」と呼ばれたが、今日まで伝わっている台本では、四十曲をこえる作品がある。内容は『平治物語』『平家物語』『曾我物語』の中の説話と同材のものが多い。後には豊臣秀吉に命じられて新たに作られた「新曲」「三木」「本能寺」などの作品もある。

現在でも福岡県みやま市の旧瀬高町大江では幸若舞が行われる。これは江戸時代に蒲池《かまち》氏の保護を受けたものの流れで、舞は大頭流の系統の幸若舞が伝承されている。一月二十日に大江天満神社の舞堂で行われ、大江に伝わる「大頭舞之系図」によると、幸若の弟子筋にあたる者が天正十（1582）年に、福岡県南部の筑後《ちくご》山下城主蒲池家家来に伝授したとある。囃子《はやし》は小鼓のみで、大夫、シテ、ワキの三人が長い詞章を分けて謡い語る。謡と語りが主で、舞というほどの所作はなく、拍子にかかるツメで大夫が舞台を踏んで回るにすぎない、芸態は、烏帽子素襖《すおう》長袴を着、大夫は立烏帽子、ワキ、ツレは侍烏帽子をつけて三人で舞い、小鼓一人の伴奏を伴う。今日伝承する唯一の幸若舞であるだけに貴重な意義があり、国の重要無形民俗文化財に指定されている。

2　幸若大夫の先祖は桃井直常《もものいなおつね》

《幸若丸は桃井直常の孫なり》

初代幸若大夫桃井直詮《なおあき》は幸若音曲の元祖にして幼名を幸若丸と呼び、実に源義家より八代の後胤足利一族の武将播磨守桃井直常の孫なり。

『丹生郡人物誌』には、幸若八代八郎九郎義門は、某年五月六日徳川家康に謁す時に義門は師手と爲り、弥次郎は連・小八郎は脇を勤めて幸若舞「伏見常葉」の曲の内、河内通の一節（伊勢物語23段「筒井つの」引用の下り）を演奏せり、又或時其の由緒を尋ねられ大いに面目を施して無銘の小脇指を賜ふとある。

『諸家高名記』には、元和元（1615）年に移り、諸大名旗本新年の御佳儀を申させ給ひける。大御所には三州岡崎にしばらく御逗留。新将軍（秀忠）には正月廿八日に大坂を発駕あって、二月七日岡崎へ御着あそばされ、御両所御一座にて、御佳儀の上、四座の面面御前において祝言を仕りおさめてのち、幸若八郎九郎といふ舞の上手美曲をつくして、御機嫌ことにすぐれたり。されば此幸若大夫と申は、さりとては俗性いやしからず。もとは越前の守桃井播磨守直常が末葉也。かの直常は元弘建武の大乱に、足利将軍尊氏の手に属して、度度武功をあらはし、軍忠を尽くしける。直常死去の後は、子孫なほ穿穿の身となり、本国の安堵なりがたく、諸国に離散せし。その中に幸若丸といふもの叡山にのぼり、光林坊の窓に学問せしが、いつとなく双紙に節はかせをつけてうたひける。それを聞くに、さりともおもしろき事感にたへたり、世の人おのづから是を舞と申す。幸若が子孫のあいつづいて、此わざをつとめて、舞大夫となれり、此ゆゑに元祖幸若丸を名字とし幸若大夫といへり、是今の舞のはじめぞかし。扨しもかかる人の末葉舞大夫となりとある。

(『朝日町史』P481)

《上野国足利一族の桃井郷で生まれる》

武将桃井直常(1307—1367)は足利一族にて上野国群馬郡桃井郷(現群馬県北群馬郡榛東村)生まれで、元弘三(1333)年、鎌倉幕府倒壊時の足利高氏(尊氏)軍に加わり京都六波羅探題を攻め落とす。なを桃井一族のうち桃井尚義は新田義貞の鎌倉攻めの一員として登場しているが、足利系列の桃井氏の一部がなぜ新田氏に参加したのかはっきりしない(『榛東村誌』P169)。

暦応元(1338)年には足利軍討伐のため奥州から西進してきた北畠顕家軍と美濃青野原で合戦している(『榛東村誌』P1688)。

一月二十七日足利勢は、一陣の小笠原貞宗・芳賀禅司は印食に、二陣の高大和守らは墨保に、三陣の今川範国・三浦新介らは足近に、四陣の主力は上杉勢が青野原にて善戦したが敗れ、五陣の土岐美濃守頼遠と桃井直常は軍勢内から精鋭一千騎を選びだし北畠顕家軍本陣四万騎に攻めかかるが、半時ほどで七百騎となる。これをまとめ顕家の弟の顕信の軍二万に向かい奮戦するが、やがて土岐勢二十三騎・桃井勢七十六騎となる。桃井直常は弟直信と共に自らの鎧の一部を破る程善戦している。桃井兄弟の勇猛果敢ぶりは一躍足利軍の中で注目を集める存在となった。

翌二月、南都（奈良）入口に当たる般若坂まで近づいてきた顕家の軍に対し高師直《こうのもろなお》が尊氏に助言「桃井兄弟は勇にして敵軍は恐れる、よって桃井直常を向かわすべし」と選ばれた桃井兄弟は奮戦し顕家軍を破るが尊氏は桃井兄弟に賞を出していない。

高師直は八幡男山にて、顕家の弟顕信が散卆収集した軍と戦うも苦戦、尊氏が賞を出さないのを知った足利側諸将達はあえて向かうものなし、これを聞いた桃井直常は「我命を受けずとも座してこれを見るに忍びず」と密かに馳せて戦うこと一昼夜、殺傷多く世間ではその場所を桃井塚と呼んだと桃井家文書に記されている（『太平記』巻十九、『榛東村誌』P173）。

直常はその年の五月、若狭国守護、九月、駿河国守護、同二年、播磨国守護とみるみる頭角を現していく。

暦応三（1340）年には尊氏の重臣師直が出雲守護塩谷高貞の妻に惚れて手込めにしようとしたが失敗、都から逃げられたことに腹を立て討ち取った事件での追手大将として活躍したのも桃井直常である（『太平記』巻二十一、『榛東村誌』P173）。その後伊賀国守護となる。

《越中守護松倉城主となる》

康永三（1344）年、武将桃井直常は朝廷の命令で越中国内乱を鎮め越中守護となる。

貞和二（1346）年二月、直常刑部大輔となる。この頃から直常は尊氏を脅かすほど強大な勢力基盤を北陸越中松倉城を拠点に構築していく。

観応元（1350）年、足利兄弟の権力争い観応の争乱では、兄尊氏と対立し始めた弟直義は、強力な軍勢を持つ直常を仲間に入れ中心的人物として活躍させる。

観応二（1351）年一月五日、桃井越中守直常は、足利直義に呼応して加賀・能登・越前の兵七千余騎を率いて折からの雪の中を進撃、同十五日、比叡山延暦寺の僧兵らと共に京の都を占領、足利尊氏・義詮と四条河原にて戦う。尊氏側の第一軍高師直が大宮通り四条河原に出たければ、これに対して桃井直常は東山から下り賀茂川を境に赤旗一揆、扇一揆、鈴付一揆各武士団二千余騎を三カ所に分散布陣、射手を前線に進め垣盾に三百帖つき並べて両軍が相対しにらみ合う。その後、桃井直常軍七千余騎と師直側の仁木頼章・細川清氏軍一万余騎が白川一帯で七、八回衝突、戦死者三百で両軍が疲れ兵を休める。そこへ尊氏側第二軍の佐々木道誉七百騎が中霊山の南方から桃井軍の後方を急襲。桃井直常・直信兄弟は馬から飛下り敷皮の上に座して大いに叫びて曰く「死生は天に在り汝ら一歩も退く事無かれ」と戦い直常優勢の内に両軍和議が成立。人事が改まり直常は足利幕府の政治を司る評定衆補佐の引付頭人を務める（『太平記』巻二十九、『榛東村誌』Ｐ１７４）。

《観応の騒乱で足利直義側に付く桃井直常》

同年七月足利兄弟の争いが再燃する。同年十二月十九日上野国那和で尊氏側の宇都宮氏綱勢千五百騎に佐野氏・佐貫氏等五百騎が加わった所へ、桃井播磨守直常七千騎と長尾左衛門尉三千騎の軍勢が行き合い戦うものの長尾孫六勢全滅する。これを見た桃井・長尾勢はにわかに浮き足立ち総崩れとなる。

文和元（１３５２）年、足利直義が兄尊氏に降服し死去後、観応の騒乱で終始直義側にあった桃井直常は尊氏から越中守護を解任される。代わりに斯波高経が越中国守護に任命される。

文和四（１３５５）年一月十六日、桃井直常・斯波氏頼等北陸勢六千余騎が再び京の都を占領、七条から九条までの家々小路に陣を張る。かつて越中勢に支えられた井上俊清と戦う直常の苦戦を記した。『園太暦』では、この時「桃井弾正大弼直常入洛する、その勢い猛なり」と記している。

同年三月十三日足利幕府方は七条西洞院に押し寄せ、さらに七条堀川に出撃油小路が主戦場となる。三月十七日桃井直常の立て籠もる戒光寺（九条・東洞院）が落ちるに及んで足利直冬は雨の中八幡に退く（『太平記』巻三十三、『榛東村誌』Ｐ１７７）。

貞治元（１３６２）年、越中国人は、守護斯波高経の代官鹿草出羽に背き、信州に退いていた桃井直常を引きて越中の府中を攻めしむ。桃井直常越中国井口城に留まる。

貞治五（１３６６）年九月、斯波義将が加賀の富樫氏・能登の吉見氏とともに、井口城の桃井直常に当たる。

貞治六（１３６７）年四月、鎌倉の足利基氏の死によって桃井直常は剃髪出家し上洛、足利義詮に帰順を示す直常幕府復帰と共に、失脚した斯波氏に代わって直常弟直信越中守護職を得た。同年五月十八日、桃井直常越中松倉城にて病死。墳墓は富山市布市にある。

応安元（１３６８）年、斯波氏が許されると桃井直信越中守護を罷免され、斯波義将と戦った。

応安三（１３７０）年、桃井直常長男桃井直和等は、飛騨の国司姉小路家綱の助けを得て越中国新川郡で、守護斯波義将・富樫昌家の軍と戦う。同年三月十六日、越中婦負郡長沢にて斯波義将と合戦討死。

応安四（１３７１）年七月、桃井の残党蜂起し、越中国後位荘において能登守護吉見氏頼と合戦敗れる（『越前幸若舞』Ｐ65）。

《越前田中郷は、劔神社と南朝に関係深い地》

幸若舞発祥の地、越前田中郷は、近世まで日本海から三国湊（現坂井郡三国町）に入り日野川・天王川を通る河川交通の終点として発展した。これらの水運を利用したためか、この天王川をはさんだ日野川の地域は鎌倉時代の中期に多くの商人や職人が集住していたらしい。この地域が公界的な場所であっただけに桃井氏の一族の者がここに辿り着いたことはありうる。

越前田中郷は飛鳥井《あすかい》氏の所領で、田中郷は二十二村（市、乙坂、栃川、天王、宝泉寺、天屋、木津見、西田中、馬場、田中、上川去、下川去、内ノ郡、気比庄、清水山、牛越、横山、御油、真栗、坪谷、甑谷、在田）からできている（『朝日町史』）。伝承によると幸若丸の母が宝泉寺村の名主を頼って逗留して産んだのが幸若丸と伝える（『幸若系図之事』）。

永禄五（１５６２）年十二月十四日付「景連外三奉行沙汰状（劔神社文書）」によると、劔神社神領としてこの地域に「天王神領・印内神領・気比庄神領・開発（岩開）社領・金屋社領」があった（『日本歴史地名大系18　福井県の地名』P３５９）。

劔神社は南北朝期には南朝と関係が深く、後醍醐天皇の綸旨を受けて、建武二（１３３５）年、皇子の尊澄法親王は令旨を発し、国衛の濫防を止めさせている（妙法院文書）。

また、戦国期、尾張（愛知県）に興った織田氏がここの神官の出といわれ、その関係から信長の時代には尊崇がとくに厚く社殿を整備するなどして保護の手が加えられたという。

朝日町栃川の西部山頂字蛇子鶴《じゃこづる》に、尉《じょう》ヶ嶺城跡がある。相対する東方山腹の字寺谷・字善光寺谷には茶臼山城跡があるが、両城ともに新田義貞四天王の一人で南朝方の武将、畑六郎左衛門時能の居城と伝える（『日本歴史地名大系18　福井県の地名』）。義貞が藤島の戦いで敗死すると、義貞の弟脇屋義助に従い、足利方斯波高経と激戦を繰り返した。

「越前国城跡考」には、朝日町乙坂山頂に芝築地山《しばづいじやま》城跡があり、「芝摺城トモ」として畑時能が居城した。『太平記』に、畑時能は南北朝時代鷹巣《たかす》城（福井市）に立てこもって南朝方の為奮戦したとある。
この付近は劔神社との関係も深く、南朝方の城も多かったので天王川流域の地に足利氏に敗れた桃井氏の一族の者がかくれることは十分に考えられる（山本吉左右『くつわの音がざざめいて』P187）。

《天王社（現八坂神社）の文書》

幸若舞の始祖幸若丸が生まれる以前の嘉慶元（1387）年六月七日、天王村の天王社（現八坂神社）の文書「倶奉之日記」に「十六日之白昼より舞三番、是ハ幸若役」とあるのが知られる。
ただし、嘉慶元年は八月二十三日に改元されたため、六月七日は至徳四年でなくてはならないので、この文書は疑問視されるが、幸若舞が生まれた環境を想像する手がかりとはなろう（宮島新一『肖像画』）。

《越前田中郷は飛鳥井《あすかい》氏の所領》

『康富記』宝徳二（1450）年二月十八日条に、「越前田中香（幸）若大夫参室町殿久世舞々之云々」とあり、幸若大夫の出身は、越前田中郷（公家の飛鳥井家の所領）出身である事がわかる。

「越前田中」とは享禄四（1531）年六月三日付魚住景栄証状写（八坂神社文書）に「田中郷京方」とみえ、和歌・蹴鞠を家業とする公家の飛鳥井《あすかい》氏の所領であった（『日本歴史地名大系18　福井県の地名』）。

越前田中郷は、飛鳥井家の所領として、飛鳥井三代雅有・四代雅孝・五代雅家・六代雅緑・七代雅世・八代雅親・九代雅康・十代雅俊・十一代雅綱・十二代雅春・十三代雅敦に至るまでの十一代の間、即ち鎌倉時代より織田時代に至るまで領せり（『朝日町史』P34）。
○　飛鳥井六代雅縁《まさより》（1358―1428宋雅）は室町時代の公卿、歌人。書道宋雅流の祖で越前田中郷を所領とした。雅縁は越前田中の上川去の飛鳥井家の別荘で生まれた。父は右兵衛督従三位雅家である。雅縁はこの地で長じて、京都に昇りいわゆる公家の生活に入った。左中将を経て、応永四（1397）年四月には従三位に叙せられ右衛門督に任じ、応永五（1398）年正月には正三位、さらに三月二十四日には権中納言となる。三大将軍義満の寵愛を受けた。応永十一（1404）年、雅縁は産土神《うぶすながみ》である天王社（八坂神社）の造営を行う（「八坂神社文書」）。応永十六（1409）年、雅縁・雅世親子、二人舞の曲舞を鑑賞（『教言卿記』）。応永廿一（1414）年、従二位に累進した。ときに四十一歳であったが、雅縁はこの日剃髪入道して法号を宋雅と号する。雅緑（宋雅）は、その年後小松天皇から召されて、和歌と蹴鞠《けまり》の師範を仰せつかった。応永三十四（１４２７）年、五十四歳の春、雅緑（宋雅）は久しく望郷の念に堪えなかったものと見え、はるばると故郷の地、越前田中郷を尋ね、産土神《うぶすなのかみ》祈園天皇宮（現在天王の八坂神社）に、七日の参籠を遂げているが、この旅については『北国紀行』の一編となって、時の将軍足利義教に贈られている。（『朝日町史』Ｐ33・53）

○　飛鳥井七代雅世（１３９０―１４５２）は、将軍足利義教に信任され永享四（１４３２）年将軍の供として駿河に下り紀行文『富士紀行』を草し、将軍義教の推挙により後花園天皇から勅撰集の選者を命ぜられ『新続古今和歌集』を永享十一（１４３９）年に完成させている。

○　飛鳥井八代雅親は、正長元（１４２８）年、将軍足利義教が主催する幕府歌会に出仕して以来、内裏や将軍家の歌道師範として活躍、将軍足利義政の寵遇を受ける。父雅世の『新続古今和歌』撰集に次いで御花園院より和歌撰集の院宣を受けたが応仁の乱により中断した。長禄三（１４５９）年十一月四日、飛鳥井八代雅親自宅に曲舞を招く（『碧山禄』『嘉吉記』『応仁別記』。

○　内閣文庫本『敦盛』の奥書に、「飛鳥井（八代）稚親卿女一位局書画」と見える。この『敦盛』は飛鳥井家の女房によって文明二（１４７０）年頃に書かれたもので、女性

を作者とする貴重な史料である。（『越前幸若舞を知る100項』P160、P199）

○　飛鳥井九代雅康（1436―1509）は、兄雅親の養嗣子となり家職を継ぎ、足利将軍家の和歌蹴鞠の両道師範を勤めている。

○　飛鳥井十代雅俊（1462―1523敬雅）は、地方諸大名家の師範として活躍、特に大内義隆と親しくし山口で没している（『国史大辞典』、『朝日日本歴史人物事典』）。

○　飛鳥井十一代雅綱（1489―1571）による蹴鞠の指南については、『証如上人日記』に公家からの文化的素養を吸収していた事実の記事として見受けられる。

以上これらのことは、「幸若丸と後小松天皇」、「桃井直詮と後花園天皇」、「足利将軍邸での幸若舞」、「大内義隆と幸若舞」、「証如上人と幸若舞（1554年）」等について続けて記していくこととするが、幸若大夫の活動領域の変化に公家飛鳥井氏が大きく関わっているように感じられる。

3　初代幸若大夫は桃井直詮《なおあき》

《桃井直詮（幸若丸）の生没年》

生没年は、明徳四（1393）年生まれ、文明二（1470）年五月二日或は文明十二（1480）年五月二日に歿したとするもの、享年を七十八或は六十六或は六十一とするもの等の異同がある（笹野堅『幸若舞曲集』P23）。

系図や由緒書によって異なり、「幸若八郎九郎系図　その二」では文明二（1470）年七十八歳卒とあり、桃井豁氏所蔵「幸若家系図」では文明二（1470）年六十六歳卒、『幸若系図之事』では文明十二（1480）年六十一歳卒とある。

桃井直詮（幸若丸）は朝倉家の菩提寺である一乗谷古道場大円山心月寺に葬られる。心月寺の旧跡は福井市一乗谷小学校の近く山麓西側に位置する。当地には幸若初代桃井直詮・幸若二代弥次郎家祖安義が眠る。近年、福井県立一乗谷朝倉氏遺跡資料館の調査により、桃井直詮の戒名らしき文字を刻した墓石が確認された（『越前幸若舞を知る100項』P55）。

《幸若丸と後小松天皇》

桃井直詮（1393―1470又は1480）は、幼名を幸若丸といい、少年のころ祖父（武将）桃井直常の弟直信の子詮信が出家し比叡山南谷光林坊に住んでいたので、父祖の後世を弔いさせるため、これを頼り比叡山にかくれ、ひそかに武芸を修めていた。幸若丸は天性の美声にて天台声明の節で、『平家物語』「屋島軍《やしまいくさ》」という草子に節句を付して吟じたところ、いつのまにやら一山の大評判となった。

このことが、遂に後小松天皇（1377―1433）の叡聞に達し召された。然れども直詮は謹で奉答して曰く、「祖父直常は武勇を天下に振い、さらに一国の主でもあった。その子孫である自分が音曲を奏することで身過ぎをするのは、父祖に恥を与えるようなものである」と言って勅命に従わなかった。すると「子孫に至るまで芸能者の家とはしない」という綸旨を再三下されたので幸若丸も了承し、越前の白山に籠り不思議の示現をこうむって曲付けができ、ふたたび参内し「満仲」の曲を奏し中務大夫に補せられた。さらに禁裏より草紙三十六冊を下され、「これに節をつけ歌い奏せよ」との命を受けた。中務は越前に下り白山権現（現平泉寺白山神社）の三社の中の雉子《きじ》神）に頼ってさらに芸を研き、三十六冊の曲を完成し、帝に差上げた。帝の御感を得て、宮内少輔に任じられ「末世芸者たるまじき」の綸旨を賜わった。（笹野堅『幸若舞曲集』P24・218、「幸若家系図」）。

飛鳥井六代雅縁（宋雅）は、応永廿一（1414）年、後小松天皇から召され和歌と蹴鞠《けまり》の師範を仰せつかっている。飛鳥井雅縁は幸若丸を陰ながら力添えをし、幸若丸も飛鳥井氏を頼ったとも思われる（『越前幸若舞を知る100項』P67）。

《幸若丸、公卿西園寺公名邸で舞を披露》

西園寺公名は、永享十（1438）年に右大臣となり官位が従一位・太政大臣にて御花園天皇に仕える。西園寺実永の子である。

『管見記』は、室町時代前期から中期にかけての公卿西園寺《さいおんじ》家に伝来した同家歴代公衡《きんひら》・公名《きんな》・実遠《さねとお》・公藤《きんふじ》などの日記を中心とする古記録・古文書類一括全百五巻の総称である。

幸若大夫の京進出が確認される最初の記事は、『管見記』嘉吉二（1442）年五月八日、廿二日、廿四日の条である。

○　五月八日、当時諸人令弄翫くせ舞あり、号之《これ》二人舞。依家僕等勧進今日於南庭舞之。音曲舞姿尤有感激。勝宝院僧正、右馬頭父子入来。特明院羽林以下家僕等在席。舞了及酒宴、召彼舞手等於予備畢。其興不少者也。

公卿西園寺公名邸を二人舞の大夫が訪れ南庭において曲舞が披露された。

○　五月廿二日、「先日二人舞推参。施為尤曲感激無極了、勝宝院僧正、橋本羽林典厩等入来、見聞衆満庭前」。

披露された時には「見聞の衆前に満つ」とあり、見聞衆が満員の有様であった。

○　五月廿四日「幸若大夫称先日礼來・・・仍又有酒宴」幸若大夫先日の礼と称して来るとあり、幸若大夫が礼参りに来てその名が知れ渡った。

まず五月八日の条では、公卿西園寺公名邸を訪れ南庭で舞を披露した幸若大夫は、「当時諸人の弄翫せしむるくせ舞」と冒頭に記されているよう評されるほど、既に都人の間でもてはやされる芸能となっていた（川崎剛志「曲舞と幸若大夫」Ｐ61）。

洛中洛外諸国の声聞師たちと同様、京の都では貴顕の第宅に推参し舞を披露するほど、幸若大夫はもてはやされる曲舞を舞っていたことを語っている。幸若が最近、都人の間で評判をとっていたこと、それが「二人舞」の名で呼ばれていたことが注目される。何らかの形で役割分担しながら互唱、掛け合い形式で舞ったものかとも思われる。（須田悦生「語り物の展開」Ｐ３０９）。

西園寺公名を感激させた曲舞は、その音曲・舞姿が素晴らしかったことでこれが評判になる。さらに、「家僕等勧進に依って今日南庭に於て之を舞う、音曲・舞姿、尤も感激あり・・舞了《おわ》りて酒宴に及ぶ」とは、音曲と舞姿の両面が示されていることに注目できる（五郷寅

之助「幸若舞曲研究の課題（二）」Ｐ54）。

《桃井直詮が御花園天皇に召され参内》

○　越前田中郷の領主七代飛鳥井雅世（１３９０―１４５２）は、後花園天皇から勅撰集の撰者を命ぜられ『新続古今和歌集』を永享十一（１４３９）年完成させている。

○　中原康富日記『康富記』文安五（１４４８）年正月廿一日の条に、「依招引向上池軒民部卿第、朝飡有之、佐々木鞍智、清将監、陰陽權助、浄居庵参会、田楽珍阿歌之、幸若同来歌之」と幸若が出てくる（笹野堅『幸若舞曲集』Ｐ25）。中原康富とは、室町中期の官人で、文安四（１４４７）年以前に権大外記となったと考えられ、外記局の官人として朝廷の政務に携わっていた。

○　文安五辰（１４４８）年三月八日に幸若舞の祖・幸若丸こと桃井直詮が御花園天皇（１４２８―１４６４）に召され参内し、幸若舞「日本記」を奏した。帝も感激され御褒美として、諸大夫に任ぜられ、御鼓大小、桐菊の御紋を賜わり、また越前西方領に知行三百町を賜わったとある（笹野堅『幸若舞曲集』Ｐ24・１９２・２１９、『朝日町誌Ｉ』Ｐ34）。

天皇から菊紋とともに賜わったとされる御紋は、幸若家では、本家筋の弥次郎家、八郎九郎家及び宝泉寺幸若諸家（伊右衛門家等）が五七の菊紋を、分家筋の小八郎家とその分家である五郎右衛門家が五三の桐紋を家紋とした。幸若菩提寺龍生寺に残る幸若諸家の位牌には、桐紋のほかに「丸に二引き」（源氏足利一族）が見える。桐紋の使用は、天皇が畠山、桃井、今川などの足利十四氏に賜わったのを始まりとしている（『越前幸若舞を知る100項』P43）。

文中に「越前国西方領」に知行三百町を賜ったという地名がでてくるが、（越前）大野藩では、松平大野藩が寛永元（1624）年成立し、後に土井大野藩が天和二（1682）年に成立している。大野藩が成立した時に、海岸近くの地、丹生郡内の織田村をはじめ十三カ村が大野藩領（飛び地）とされ、特に土井大野藩はこれを「西方領」と言ったものとされる。日本思想大系『蓮如　一向一揆』所収の『朝倉始末記六』『越州軍記　四』には、天正三（1575）年の信長越前攻めの記事の中に「西方」の名があるので、この呼称は以前からあったのかも知れない。これは『幸若系図之事』に、帝からの望みの領地があればと問われて、幸若丸が「越前は生国と申、都近く候間、越前にて給候様にとの願に付て、則西方丹生郡之内、宝泉寺村并天王村両所を下給けり」とあるのに照応しているが、こちらでは大野郡とのことは触れていないし、宝泉寺・天王も「西方」に含まれていることになる。（服部幸造『幸若大夫の来歴』P464）

《八代将軍足利義政邸での幸若舞》

中原康富日記『康富記』宝徳二（1450）年、二月十八日条に、「越前田中香（幸）若大夫参室町殿（足利義政将軍邸、兼幕府政庁花御所）久世舞々之云々」とある。

飛鳥井八代雅親は、将軍足利義政の寵遇をうけていた。文安五（1448）年、非参議従三位となる。幸若大夫は越前田中郷（飛鳥井家の所領）出身であること。さらに室町邸をはじめ貴顕の邸宅で曲舞を演じて好評を得ているさまがうかがえる。

特に注目されるのは、従来の演者は北畠党、野瀬郷声聞師《しょうもんじ》と記述されてきたのに対して、「幸若大夫」と明らかに舞大夫として独立した姿で明記されていることである。ここに雑芸、雑役に従事する声聞師とは違った、曲舞を専業として演じて一家を構えている一歩抜きんでた姿がうかがえるのである。声聞師の曲舞が幸若舞と称されると全く別物であるかのようにみえるのは、こうした専業の舞大夫の一座によって、従来の曲舞芸が整備統一されていったことと無関係ではないであろう。（新日本古典文学大系『舞の本』P591）

室木弥太郎は『語り物の研究』において、幸若家から八郎九郎、小八郎、弥次郎らの名人があらわれて、戦国諸将の愛願を受けてそれぞれ三百石内外の知行をもらう武士階級に繰り入れられていくようになる。また、麻原美子は「舞々と越前幸若大夫考」（『言語と文芸』第八十五号）で、桃井直常の子直和は戦死したけれども、幸若が舞々の中で宗家的地位を保持し得た理由の一つはその家系にあったのではないかと言っている（荒木繁『幸若舞』Ｐ３３８）。

○『康富記』宝徳三（１４５１）年三月七日
晴千本炎魔堂越前香（幸）若大夫舞曲舞不慮被誘引人聞了。

○「織田劔大明神盛衰記」の享徳三（１４５４）年九月廿二日
越前織田にある（織田信長先祖発祥の地）劔神社の法楽に、幸若太夫・猿楽諸太夫が出演。

○奈良興福寺別当『安位寺殿御自記』長禄元（１４５７）年四月十七日
於禅勝寺十日幸若舞大夫勧進舞

○『嘉吉記』長禄三（１４５９）年十一月二十四日
飛鳥井（八代）雅親自宅に曲舞を招く（『碧山禄』『応仁別記』）。

○『嘉吉記』長禄三（１４５９）年、赤松旧臣石見太郎左衛門尉昇三種神器奉安置禁中
依之赤松政則被赦免、此事ヲ山名金吾本意ナキ事ニ思ハレ石見太郎左衛門尉ガ所爲也ト
ニクミ或時三条殿ニ幸若舞ノアリシニ貴賤群集シソノ帰ルサニ山名郎徒ヲ遣シ、辻切り
ノ様ニ切ラセケル。（『朝日町史』Ｐ４８０）
意訳「赤松次郎（政則）家中の石見太郎左衛門尉等は吉野の南帝に忍び入って三種の神

器を奪い返し無事紫宸殿に戻した。この功績で長禄三（１４５９）年、赤松家は赦免され（赤松家再興）、これを聞いた山名金吾（持豊）はこれを不本意に思い、三条殿で催された幸若舞が終わって混雑する中、石見太郎左衛門尉の帰り道を襲わせ、辻切りのようにして討った」。

《足利義視と幸若丸》

桃井直詮は初代の幸若大夫として、京の都を中心に活躍し、一時は将軍足利義政の勘気をうけたが寛正六（１４６５）年に許され、義政とその子義視《よしみ》に仕え、細川勝元に扶持されたのち越前に帰り朝倉氏の保護を受けた（『日本歴史大辞典』『日本肖像大辞典』）。

足利義視（今出川殿）は、足利義教の子で足利義政の弟だが、兄の養子となって将軍後継者に擬せられた、しかし、義尚《よしひさ》が生まれてから継嗣争いが起こり、応仁の乱を誘発したといわれている。

京都相国寺鹿苑院蔭涼軒主『蔭涼軒日録』には、足利義政が幸若丸を義視に仕えさせ、「小者」の「上首」として細川勝元に幸若丸の扶持を命じたことがみえる。寛正六（１４６５）年には幸若丸六十三歳である（吾郷寅之進「幸若舞曲研究の課題（一）」P13・14、家永遵嗣「足利義視と文政元年の政変」P19）。

○『蔭涼軒日録』寛正六（1465）年八月七日

幸若丸御免可参于今出川殿（足利義視）之由被仰于伊勢守也云々。

○『蔭涼軒日録』寛正六（1465）年八月八日

幸若丸参于今出川殿（足利義視）而可為上首之事、先職可有扶持之云々。

○『蔭涼軒日録』寛正六（1465）年八月九日

幸若丸如元、自細川右京太夫（勝元）被加扶持而被進今出川殿（足利義視）、可為御小者之中上首之由伊勢守奉之云々。

この中で、今出川殿と有るのは足利義視のことで将軍足利義政は此の前年に義視を嗣子としている。細川右京太夫は細川勝元のことである。

幸若丸御免と有るから何か将軍の旨にかなわなかった事があったのであろう。幸若丸は一時将軍足利義政の勘気をうけたが寛正六（1465）年に許されて、足利義政の子義視に仕え細川勝元に扶持された（『日本歴史大辞典』）。

○桃井直詮は朝倉孝景に仕えて三千貫領した（笹野堅『幸若舞曲集』P24）。

応仁元（1467）年応仁の乱が始まり京の都は焼け野原となっていく。

4　幸若大夫桃井直詮の肖像画

《二回描かれた肖像画》

幸若大夫初代桃井直詮の肖像画は二回書かれている。

一回目は、「心月寺海闉賛桃井直詮像」紙本着色、一幅、89・6×41・8cm、東京国立博物館（国の重要文化財）で保存されている。土佐将監光信（1434―1524）筆と美術史家から認定されている。

像主の着けている大紋の紋様が「笹松鶴亀」という長寿をことほぐ吉祥文である。松とともに敷物も他に例を見ないものである。敷物は中近東風の異国的な唐草文から見て輸入品と目される。こうした珍重品を所有できる階層に注目したい。

大紋は薄青地に濃い青色で笹松鶴亀文を表し内着は白地に同色で竹葉文を浮き立たせ頭には折烏帽子をいただき白足袋を履く、右手に黒塗りの蝙蝠扇《かわほりおうぎ》をもって左手で袖口をつかみ腰には小刀を差す、広い額強く張った頬骨大きな鼻立派な髭、大きめの目で眼差しは優しい。

幸若家の系図に本像の絵師について土佐光信と伝えているがこれを疑う人は無いようで

ある。画風の上から検討してみても、もっとも確実な光信の肖像画である三条西実隆像と比較し襟元襟首の形が全く同じであり、些細な部分には自然に描き癖が出るもので比べるのに有効である。（宮島新一『肖像画』）

幸若八代庄兵衛家の長明書留『幸若系図之事』には、文明十三（1481）年頃に、桃井直詮の息子が京に上り土佐将監光信に父の肖像画を依頼し、其の時から幸若弥次郎家に伝承され大切に保管されているという（『越前幸若舞を知る100項』P200）。

二回目の肖像画は、寛文十一（1671）年に幸若十代八郎九郎重信（1612―1671）が、狩野法印探幽（1602―1674）に、幸若初代桃井直詮と幸若重信自らの肖像画を描かしたものである。幸若初代桃井直詮肖像画には龍峯見住萬松寺の玉舟和尚の賛令文が記されている。重信自らの肖像画も狩野法印探幽に描かし、曹洞宗本山永平寺の萬照高国禅師の賛令文が記されている。

山田秋甫著『丹生郡人物誌』（大正元年九月）の幸若重信欄には、「重信は孝心深き人なりしかば狩野探幽をして先祖桃井直詮の畫像を描かしめ萬松寺玉舟に賛を題せしめなり」とある。この本には重信が狩野法印探幽描かせた直詮と重信の肖像画二枚の写真（秋山豊治氏蔵幅）が付いている。

寛文五（1665）年三月十五日、幸若七代小八郎家安林（虚白）が狩野法印探幽に出

した書状が『朝日町誌Ｉ』Ｐ95に収録されており「昨日は緩々と申承りました。今晩は話したいことがあるので、少し早めに御出で下さい」とある。芸能史研究家の川崎剛志氏は探幽と八郎九郎家との関係について「曲舞文化を演出した中心人物のひとりが幕府御用絵師狩野探幽であった。探幽はみずから幸若三家の大夫らと交流し、その音曲を溺愛していた」とある（『越前幸若舞を知る１００項』Ｐ80）。

《肖像図依頼者幸若弥次郎安義》

大宗国径山仏鑑禅師十五世法孫比丘前住東福虎伯叟大宣書「桃井家由緒書」には、御花園天皇の朝廷により招致があり、幸若丸は召された紫宸殿前で玉のように美しい真新しい台の上で我が家の音曲「日本記」の曲を舞い終わる。叡感の余り天皇からもったいなくも幸若大夫安真の号を賜わり末代に至るまで幸若家諸大夫を列すべき勅命を受ける。特に大小の鼓を賜わり秘在の家宝とした。・・・（幸若二代、惣家）弥次郎安義は亡父の肖像図を残している、焼香時に生前を記念する物をと思いたち京に至って土佐将監光信を尋ね対談の結果、名人亡父の遺像の筆を求める。土佐将監光信は手をたたいてうなづき「以前禁殿に召された時に天才芸である幸若舞を見た」と言う。朝廷での幸若の舞を見聞きしたが舞曲の形は礼式にかない、あまりの厳正さに天下の人々が驚くのを見て、その姿を写した絵をこの孝行者の子供に与えるというので、これを開いて見れば亡父を再生した如く書かれていた。安義は何度も拝むように礼を言ってこれを受け取った。

土佐将監光信は文明元（1469）年から大永元（1521）年まで絵所預であった（谷信一氏著『室町時代美術史論』）。直詮像は肖像画の傑作とされるもので美術史家によっても光信筆と認定されている（荒木繁『幸若舞』）。

《幸若八郎九郎重信も肖像図を残す》

『幸若系図之事』には、「幸若丸御名乗ノ事。先（幸若十代）八郎九郎柳也（重信）入道、狩野法印探幽斎ニ幸若丸御影ヲ需ミ、賛ヲハ江戸品川東海寺ノ和尚被筆作也」。これによれば二枚目の直詮像は幸若十代八郎九郎重信（柳也斎）が探幽に書かせたものである。柳也斎は寛文十一年六十歳で死んでいるから探幽とはほぼ同世代であるし、探幽は幸若家としばしば一座し（『隔冥記』明暦元年十二月二十四日の条など）自分でも幸若を謡ったりしている（荒木繁『幸若舞』）。

5　肖像画に書き込まれた賛令文

国立博物館所蔵の絵には越前一乗谷心月寺の海闉和尚の賛がある。

伝土佐光信画の桃井直詮像画に賛を書いた海闉梵学《かいいんぼんがく》は、朝倉教景《のりかげ》が桃庵禅洞を開山に迎えて文明三（１４７２）年に創建した曹洞宗寺院心月寺の第二世住職である。心月寺は朝倉家菩提寺であり、幸若初代桃井直詮・幸若二代弥次郎家祖安義の葬られた寺でもある。江戸時代には、歴代の福井藩主に保護されており、幸若弥次郎家の菩提寺となっている。

賛令文は、

「祥翁全吉居士肖像　曾発玉楼金殿誉　尊卑聯袖又飛車　源平合戦見青妙
誰識白山神助初　海闉老納書之　梵学（朱文方印）　海闉（朱文円印）」

意訳「（安直院殿）祥翁全吉居士（桃井直詮）肖像、曾《かつ》て貴人の御殿にて名誉を発し、尊卑ともに袖を連ねあるいは牛車を馳せて、語り舞う源平合戦の精妙さを見に集まった、だが白山の神助があって初めて生まれた技とは誰が知ろう」となり、明らかに像主が芸能名誉の人であった事を証明している。

「語り舞う源平合戦の精妙さを見に集まった」の部分は、『幸若系図之事』の「尼公物語

（佐藤）継信さいご源平の合戦眼前に見るがごとく」とあるのに照応するし、「白山神助」というのは、これも『幸若由緒書』や『幸若家系図』に、幸若丸が白山大権現の示現によって一曲を完成したと伝えているのに照応する（荒木繁『幸若舞』）。

《節付けに苦労し白山神の助けで完成》

桃井直詮肖像画中の賛令文に、幸若舞は、「白山権現（現平泉寺白山神社）の助けがあって初めて生まれた技とは誰が知ろうか」とある。

幸若舞の始まりは、桃井直詮（幸若丸）が、当初、帝（後小松上皇）から給わった草紙三十六冊に「節・詰・言葉」を付け、内容に従って「サシ・色・クドキ」十六節の章句を付け、これを「三十六番の曲折集」と名付けて舞ったと伝承されている。これを完成するにあたって桃井直詮は、「屋島軍」に節付を始めたが、その中の「けいけいほろろの雉子（きじ）の声」にどうしても節付ができないでいた。

『幸若家系図』の幸若の元祖安直のところには、「始めて屋島軍に取掛り節を付けるに四季の文句の所ケイケイホロロノ雉子の声という文句、何とも節付難く、そこで地元日吉神社に参籠し神に祈った。七日目の晩、内陣より「白山権現（越前平泉寺白山神社）へ参社せよ、三社の中の社は雉子《きじ》神である、この神から相伝あるであろう」との神の御声が聞こえ、白山（平泉寺）の雉子神社に参り社前で「けいけいほろろ」の句を唱えた、すると童子が現れ「「けいけいほろろ」の句はこのようにせよ」と言って空中に立ってお示しになった。さらに芸を磨き奥義に達した。

大宗国径山仏監禅師十五世法孫比丘前住東福虎伯叟大宣書「桃井家由緒書」には、「白山大権現を拝み詣でたところ権現にその丹精さが感じ通じて、度々不思議の示現を賜わりこれに従う・・・ある時白山幽谷に於いて雉の一声を捕え聞いて「八島」の舞中にホロロ節を発明する。」とある。

《幸若舞曲「八島」の一節（前段概略）》

さるほどに、判官（源義経）山伏姿にまねて奥州に下らせ給いけるほどに、武蔵（坊弁慶）を召され家の構えが良い家を見つけ宿取りを頼み給え。弁慶承って、丸山（かつて佐藤基治庄司の丸山城のあった）の麓に、身分格式の高い切妻破風屋根付きの門の家あり、此の家に宿を頼まばやと思い、内の様子を見たりければ、住荒らしたると思ぼしくて、門は有れども扉無し、塀はあれども上壁が剥げ落ち、瓦も軒も朽ち果てて、つる草は壁を争い、屋根の軒は檜皮が腐ってボロボロ、さて、庭から見える客間座敷を見てみれば、一張の琴に一面の琵琶が置かれているが調べる人は無し。荒廃した様子のいたわしさに宿を頼む事をはっと忘れ、しばらく佇んでいたが、西を眺めれば持仏堂と思しく御堂あり、立ち寄り拝み申すに、阿弥陀如来、脇侍の観世音菩薩、勢至菩薩の三尊と柿本人麿の画像を掲げ、堂の周囲は四季の風情を出している、荒れ果ててはいるものの四季を愛でる風情心ばかりは違えず。先ず、東は春に似て、中国の梅の名所大庾嶺《だいゆうれい》の梅の花、昔ながらの山桜、伏見小枝の花までも、木々の梢に咲き乱れ、鶸《ひわ》、小雀《こがら》、鶯《うぐいす》が軒先の梅の枝に羽を休め、音を出しかねている所には、けいけいほろろの雉子《きじ》の声《こえ》、けいならば、けいとは鳴くして、何ぞや後のほろろの声、いつも春かと見えにけり。南は夏に似て、州浜を型どって池を掘らせたり、池の中に蓬莱、方丈、えい洲とて三つの島を築かせたる。島から陸地へは反橋を掛けさせ、橋の下には浦島太郎の釣舟と、理想郷を往来する舟に見立てた男女子供の乗る丸木舟を五色の糸にて繋がせ、常楽我浄（煩悩の苦も無く安楽）の風吹かば水際へ寄れと繋いだるは、いつも夏かと見えにけり。西は秋に似て、四方の梢の色づき、白菊絶えぬ風情。北は冬かとうち見え、山岳は峨々とそびえたり、炭焼の翁（老人）は己の衣は薄けれど冬を待つこそゆさしけれ、冬にもなれば炭を焼く炭窯の煙の青くて細く立ち上るは、いつも冬かと見えにけり。（新日本古典文学大系『舞の本』Ｐ４０５）

《白山信仰と泰澄大師》

幸若舞の本拠は白山信仰圏の越前田中である。近くには、日本三霊山の一つ白山を開いた修験僧泰澄（682〜767）が修行したと伝わる北陸最古の修験霊場となる越知山がある。

泰澄《たいちょう》大師は、『泰澄和尚伝記』によると、十四歳のとき十一面観音の霊夢をみて越前町の越知山で修行を積み、しだいにその呪験力が世に知られ、大宝二（702）年に鎮護国家法師に任ぜられ、霊亀二（716）年はじめて貴女（白山神）の夢告を受け山頂を目指すが途中、道に迷い白山権現の使者三足の白雉子が衣の襟をくわえ山頂の方角を導き、翌養老元年泰澄は白山に登り千日の修業を行った。養老七年（第四十四代）元正天皇の病気が祈祷により平癒したことで神融禅師の号を賜わり、天平九（737）年流行の疱瘡を十一面法によって終息させ大和尚位を許され泰澄を号し、神護景雲元（767）年に、幸若大夫の里である越前町の越知山大谷寺の釈迦堂仙窟に座禅を組まれたまま八十六歳で遷化され没したとある。

また、養老元（717）年、泰澄によって開かれた白山平泉寺は、朝倉氏の保護を受けた室町時代後半の最盛期には、四十八社、三十六堂、六千坊、僧兵八千人の巨大な宗教都市を形成していた。中世以降は、豊原寺と双璧をなし、戦国時代には朝倉氏と肩を並べる越前の一大勢力となっていたが、朝倉氏滅亡後の天正二（1574）年対立する越前の一向一揆勢に攻められ、全山が焼失した。

《尼公物語継信の最期源平合戦眼前に見るがごとく》

また、賛令文の「語り舞う源平合戦の精妙さを見に集まった」とは、満員の見聞衆の前で舞われる幸若舞「八島」の内容は、源義経が都を追われ山伏姿で逃亡中、奥州のある一軒家に宿を求めた。出てきた尼公が源平合戦の屋島の戦いで源義経の身代わりとなり討死にした佐藤継信の母である事が分かり、武蔵坊弁慶が佐藤継信の討死の様子を母親に知ってもらうため、屋島の合戦状況を始めから終わりまで事細かに物語る。八島語りは、佐藤継信の武勲を顕彰するとともにその霊をなぐさめる鎮魂の語りであった。

さらに弟佐藤忠信が義経の鎧を着て大将の身代わりと成り、吉野山から義経を無事逃がした後、都で追手に捕まり亡くなるまでの筋書きを語るという佐藤兄弟最期の内容を語る舞曲である。この幸若大夫の舞に多くの群衆が集まったことを示している。

《幸若舞曲「八島」の一節（後段概略）》

弁慶、八島の磯の合戦を元々知りたる事なれば、事細かにぞ語りける。年号は元暦元年頃は三月下旬、四国讃岐の八島の磯を通りし時、源平の合戦（屋島の戦い）真っ最中と見ゆる。遥かの渚に下って源平の合戦を静かに見物していると。申の半ば（午後四時ごろ）の事なるに、沖の御座船より六尋ばかりの小舟一艘をざわざわと波しぶき上げて押してくるのを見れば、ただ今ここ許に進み出でたる兵《つわもの》はいかなる者と思うらん、一品式部卿葛原の親王に九代の後胤、門脇の二男、能登の守（平）教経、惣門の渚へ度々において通うといえど、未だ東国の大将（源義経）に御目にかかっていない、東国の大将に見参とぞ名乗られける、源平ともに鳴りを静め、名字名乗りを静かに聞く。また、源氏の陣よりも大将進み出でさせ給う、真黒なる馬に、金で縁どりされた鞍置かせ、御身軽げに召されたつしが、味方の中をしずしずと歩ませ出で、敵との間合いが近くなったところで、鐙を踏ん張り鞍笠に突つ立ち上がって、大声上げてぞ名乗られける。ただ今ここ許に進み出でたる兵《つわもの》はいかなる者と思うらん事もおろかや、清和天皇に十代、源九郎義経、惣門の渚へ度々においで向かうと言えど、未だ能登殿（平教経）とやらんに見参せず、能登殿ならば華美な珍しい初めての対面、見参、とぞ名乗られける。

平教経殿この由聞し召されて、大将の御目に懸りたるしるしなくて候べきか、弱兵にては候えども中差（戦闘用往矢）一筋奉らんに、何処へ、狙いどころを承って仕らんと有りし時、源氏の御大将（源義経）逃れ難くや思いけん。腰よりも紅に日出したる扇を抜き出し、はらりと開き、胸板をほとほとと音づれ、矢を射る距離は程相成り候ぞ、ここの所へ遊ばせとぞ仰せける。

矢は源義経に狙いを定め既に御命危うく見え差す処に、葦毛の馬に乗った武者一騎駆け出で、君の矢面に駆けふさがって大声上げて名乗りよう。ただ今、陣頭に進み出でたる兵をいかなる者と思うらん、奥州の住人に佐藤の庄司が二人の子、兄の継信也、能登殿の長い大矢を真直中に受け止めて、あの世に行って閻魔大王の審判での訴えの証拠としようと呼ばわったり。能登殿この由聞し召し、なんと剛なる兵《つわもの》かな、能登殿、大矢を五人張りの強い弓にからりと番《つが》い。弓をきりきり引絞り、えいやっと勝（引き）手を引き放った一矢は、門を打ち破る棒のように強く一陣に向き進んだる、さても、佐藤継信の胸板にはっしと当たり、血煙がぱっと立ち、鎧の背中までぐっと抜けにけり、無残や佐藤継信、最後はあっぱれであった。

二人の嫁、三人の孫、尼公もろ共に一度にわっと叫びければ、源義経を始め八島の磯の合戦を只今見る心地して、涙で山伏衣装鈴懸の袂を絞られけり。・・・弟の佐藤忠信は、（都を落ちて西国さして大物浦を船出した源義経主従が遭難して吉野山中へと逃げ籠った時）吉野山までお供し、吉野山にて大衆達の心変わりの有りし時、その時、佐藤忠信、判官の司（役職名）と大将着用の着背長（大鎧）を申し賜わり、源義経の身代わりとなり、一人嶺に留まって、判官殿と名乗りて吉野法師を待ち受け、散々に合戦しそこにても討たれず、（見事、源義経一行を逃がした佐藤忠信は）都へ上って（潜伏先を襲撃され、奮戦するも多勢に無勢で自害）腹切って空しくなる。その人々の事ならば、今生の対面は思いもよらぬ事なり、念仏し給えとて、武蔵坊殿が笈より（兄佐藤）継信の形見、（弟佐藤）忠信の形見を取り出し候いて、尼公にそれを奉る、尼公形見取り上げ顔に当て、胸に当て涙を激しく流され悲しむ、何に例えん方もなし判官御覧じ、色々気を使って何時まで隠して置くべきだろうかと思し召されける間、是こそ古の源九郎源義経と、とうとう自分の正体を名乗り有ければ。尼公承り、子供の事はさておきぬ、祖父以来三代に渡って恩恵を受けている主君を拝み申すこそ嘆きの中の喜びと、喜ぶ事は限りなし。（新日本古典文学大系『舞の本』Ｐ４０５）

6　親子代々世襲されていく幸若舞

幸若家は二世の代として、弥次郎家（上出家）と八郎九郎家（北家）に別れ、近世初頭には八郎九郎家から名手小八郎（南家）が出てくる。

《京の都での幸若大夫》

『十輪院内府記』の文明九（1477）年十月一日条に、「二人舞（幸若）八郎九郎来」とある。

この『十輪院内府記』とは、室町時代の公卿で従一位内大臣の中院通秀（十輪院内府と号す）の日記であり、歌人としても知られている。

《細川弥九郎（政之）讃岐守と幸若舞》

応仁の乱（1467―1477）終結間もない文明十一（1479）年五月に、幸若大夫の勧進曲舞が催されている（『晴富宿禰記』）。興行の場となったのは、京の壬生の地蔵堂（現在の壬生寺）である。

この寺は、鎌倉期の円覚上人中興の後は律宗寺院となり貴賤の信仰厚く興隆を続けていた。また大念仏会でもよく知られ、芸能興行の場として良好な条件を備えていたと考えられる。ちなみに同地は、『晴富宿禰記』の筆者小槻晴富《おづきはるとみ》の壬生官務家の居所に近く、代々の墓所でもあった。

小槻氏は官務家と称され鎌倉初期に壬生家と大宮家に分かれたが、晴富は室町時代後期の官人で左大史・壬生晨照の子。官位は正四位上・治部卿。

京の壬生の地蔵堂（現在の壬生寺）の東庭にて律院降円上人が発起人となり、律院修理の為の勧進興行として越前国幸若大夫の舞が催された。

『晴富宿禰記』文明十一（1479）年五月の条に、次のように律院修理の勧進興行の様子を一連の記事で伝える。

○　五月十九日先考御忌、詣地蔵。於本堂東庭、勧進舞々台等立之。細川讃岐被管輩等見廻。可構桟敷之用意云々。

○　五月廿日黄昏、律院坊主隆円上人来臨。勧進舞、天気好候者、自明日可始候。桟敷一問致用意。必可有御見物云々。

○　五月廿三日於地蔵堂東庭八角堂与本堂間有舞台、勧進癖舞越前国幸若大夫有若俗自今日始之。律院隆円上人発起、為律院修理也云々。細河弥九郎（政之）讃岐守護迷心于若衆之間、構桟敷見物。此桟敷与楽屋相並云々堂東局東面也。讃州弥九郎、今日見物、舞之若衆令同輿向桟敷。帰路同前云々。

○五月廿六日地蔵堂東庭、勧進癖舞、今日又在之。

○五月廿七日通玄寺、舞御見物桟敷事被仰之間申付了。

○五月廿八日□日舞、女房衆看聞之。

とある。舞台が建てられたのは、文明十一（1479）年五月十九日、舞台設営現場に細川政之の被官が現れ桟敷を構える用意をしたという、政之の入れ込みの程が察せられる。細川弥九郎（政之）讃岐守の父は「讃岐守」「讃洲」と称された細川成之で、応仁の乱に東軍の主力として多勢を率いて活躍した有力武将である。父成之の出家隠居の後、文明十一年跡を継いだのが政之である。

京の壬生寺（地蔵堂）の東庭にて律院降円上人が発起人となり、律院修理のための勧進興行として幸若大夫の舞が催された初日は、二十一日の予定であったが、実際には予定より二日遅れて二十三日に始められている。初日舞の若衆同じ御輿に乗せしめ桟敷に向かう。政之の目当ては幸若大夫の率いる一座に属する若衆であったらしい。この日、最上格の政之が、こともあろうに上席に当たるとは考え難い正面から大きく外れた、幸若大夫の率いる一座やその若衆の控える場に最も近い位置を望み、楽屋に隣接する桟敷近くにて幸若舞を鑑賞した。興行終了後に再び政之が幸若の若衆を自らの御輿に乗せて共に引き上げた。

この幸若大夫の勧進曲舞も庇護者たる有力武将の後援を受け実現した興行の一例と思われる（川崎剛志「曲舞と幸若大夫」P74）。

○『伊達成宗上洛日記』文明十五（1483）年、高（幸）わか馬一疋賜わる（『越前幸若舞を知る100項』P200）。この時、伊達成宗は上洛して足利（義尚）将軍家に太刀二十三振、馬九十五頭、砂金三百八十両、銭五万七千疋を献上している。これは伊達氏の実力を奥州随一として中央に認めさせることにもなった。

《宮中で舞う幸若大夫》

○宮廷女官日記『御湯殿の上の日記』文明十七（1485）年閏三月十一日

かうわか（幸若）まわせられらるゝ、あんぜん寺殿御かつじき御所れんきはんせう御まいり雨ふりいで、にわかに又みなみむきにてあり、おとこたちもしこうあり。

○『御湯殿の上の日記』文明十七（1485）年閏三月廿三日

かうわか（幸若）がまこ（孫）のや□□（弥次郎カ）思ひいでにまひたきよし申てまいる（挨拶回り）まはせらるゝ、女中かいさんかんろじみん部卿□□ぎまちまつのき・・

雨ふりいでてまいさめてながはしにてあり。

○『親長卿記』文明十七（1485）年閏三月廿三日雨下依召参内有久世舞。

『親長卿記《ちかながきょうき》』は、室町時代後期の公家甘露寺親長の日記。筆者親長は、後花園天皇・後土御門天皇二代に渡って深い信頼を受け、長く賀茂伝奏も務めた。普段の公家の生活などが詳細に記されており、同時代を知る上での一級史料といえる。

《南都（奈良）元興寺《がんごうじ》極楽坊での幸若舞》

長享二（1488）年七月末から八月初めにかけて南都（奈良）元興寺《がんごうじ》極楽坊において催された勧進曲舞の模様を伝える『大乗院寺社雑事記』の一連の記事では、

○七月二十三日六方沙汰於極楽坊（元興寺）幸若大夫曲久世舞勧進可有之云々自来廿五日云々今日明日舞殿等立之云々。

○七月二十六日於極楽坊（元興寺）幸若大夫舞有之昨日より初之、古市取立也、学侶六方見物、雑人一向如無云々。古市三日病不罷出云々。今日以雨下無之。凡不得其意舞也。

○八月四日極楽坊久世舞、至今日五个日在之、連雨之間、迷惑候、万タラ堂之東之広縁、自正面以北修学者座也。以南衆中座也。南ハシ一間、浄名院以下之児見物之在所ニ相構云々。太子堂、便宜之人々桟敷也。古市衆大略在之云々。修学者・衆中座之簾上下之役ハ中綱共云々、白袴風情異形也、禄物事、甲乙人勧進銭之不足分、自寺門可給之云々。
○八月五日信承相語、久世舞禄物、学侶千疋、六万千疋、衆中五百疋云々。
○『大乗院日記目録』長享二（1488）年八月七日幸若大夫久世舞至今日五ケ度在之
極楽坊三輩見物了。

とある。川崎剛志「曲舞と幸若大夫」では、奈良における幸若大夫の勧進興行について、次のように解説している。

武家の支配する京と異なり、当時、奈良は興福寺によって支配されており、芸能についても興福寺寺門あるいは大乗院門跡と結びついた五ケ所・十座と称される声聞師組織の権限の強い土地柄であった。

長享二（1488）年、当時、奈良において、勧進に猿楽が採用されることは稀で、大和猿楽四座（結崎《ゆうざき》座（観世流）・外山《とび》座（宝生流）・坂戸《さかど》座（金剛流）・円満井《えんまんい》座（金春流））系の大夫の勧進興行に至っては皆無の状況であった。幸若大夫の奈良進出の唯一の事例である。

この勧進曲舞により興行の性格をかなり具体的に捉えることが可能である。まず主催者についてみると、七月二十三日条に「六方の沙汰」とあり、また八月四日、五日の条に、興福寺門跡組織の中枢をなす三輩、学侶、六方、衆中の責任者において禄物が下行された由がみえることから、寺門組織あげての主催であったことがわかる。一方、観衆についても七月二十五日（七月二十六日条）と八月四日に限っての情報であるが、興福寺組織内の者が多くを占めていた様子を窺い知ることができる。よってこの勧進曲舞は、興福寺寺門組織が自らの芸能賞玩を旨として催した興行であったとしてよい。

ところで禄物関係の記事に注目すると、八月四日条に「禄物の事、甲乙人の勧進銭の不足の分、寺門より之を給ふべし」、八月五日条に信承からの情報として「久世舞の禄物、学侶千疋、六方千疋、衆中五百疋」とある。「甲乙人の勧進銭の不足」とあるため、一見、興行不振のため禄物の下行もままならず、三輩に責任問題が降りかかってきたかの如くに映るが、おそらくそれには当たるまい。文明四（1472）年、金春・宝生両座の勤めた際の記事の中に、禄物調達のため地下より、金銭の徴収をされたという事例の記録がある。

幸若大夫の勧進曲舞の場合も、勧進の名目で地下より徴収された金銭が、寺社の造立や修復の費用に宛てられることなく、幸若に下行する禄物に宛てられた可能性が高い。今回の場合も、勧進名目で地下より金銭を徴収する、目標額に満たない分を学侶、六方、衆中が分担するという手順で調達された事情を伝えるものと解する。

幸若大夫の「学侶千疋、六方千疋、衆中五百疋」とあったが、同記事には古市の負担分の記録が漏れていたものかとも察せられ（過去の猿楽と見比べ）両興行の間で三輩と古市澄胤の負担額の比率が一致していたものと推測される。

ちなみに筆者尋尊が、禄物の件について「伝え聞くばかり」なのは、同じ興福寺の中とはいえ、あくまでも寺門主催の興行であり、尋尊の属する大乗院門跡の経営に直接関わる問題ではなかったからである。

次に「古市」の存在に注目すると、七月二十六日条には前日、興行が始められた由が記されているが、そこに「古市の取立なり」とあり、また「古市病欠の由」がわざわざ記録されているが、かかる尋尊の記録姿勢からして、この興行における古市の存在の大きさを窺い知ることができる。

古市澄胤は、奈良東南の郊外を本拠とする興福寺衆徒で、南北朝動乱の過ぎたころには大乗院方衆徒の代表的な存在となっていた。金春禅鳳の後援者としても知られている。文明七年、家督を継承、同十年には筒井氏没落の後をうけて興福寺の官符衆徒の棟梁となり、以後明応六（1497）年、筒井氏が大和に復活するまでその地位を保つ、すなわち長享二（1488）年は、澄胤が興福寺衆中の最高位に立ち権勢を振るっていた絶頂期に当たるのである。先にあげた記事のうち「古市の取立なり」の件りは、奈良の勧進興行に、奈良に活動の基盤を持たない幸若大夫を迎えた張本が古市澄胤であったことを伝える。この「取立」の意は、先に見た五カ所・十座による京の若太夫の「取立」の意と通ずるのだが、取立を行った二つの主体の、奈良の社会構造のなかで占める位置は大きく隔たっている。この点に象徴されるように、幸若大夫は、畿内の声聞師組織網を通じて五カ所・十座に働きかけ、奈良進出を試みたのではなく、興福寺の官符衆徒の棟梁に請ぜられ奈良入りを果たしたのであった。つまり同じ勧進興行の形態をとるとはいえ、これは五カ所十座の権限の下に成立していた勧進興行とは性質を異にするものであり、その事自体、幸若大夫に対する待遇が曲舞の徒一般に対する待遇とはかけ離れたものであったことを雄弁に物語っている。

《北野において催された勧進曲舞》

延徳元（1489）年での北野において催された勧進曲舞上演記録としては、『北野社家日記』九月十六日、九月十七日、九月廿三日、十一月三日の各条があるが、その中で「幸若大夫」の名も確認できるのは、次の二つである。

○『北野社家日記』延徳元（1489）年九月十六日
自今日於今少路盛輪坊地、香（幸）若大夫勧進在之。

○『北野社家日記』延徳元（1489）年十一月三日
今日香（幸）若大夫勧進、永御寮上殿依所望為当坊塞桟敷見聞在之。

ここで注目したいのは、『北野社家日記』延徳元（1489）年九月十七日条に記録された一通の書状の写しである。

当所舞勧進事ニ付て社家奉行方へ如此遣状。
於社家境内舞勧進事、諸家被官人等、致張行候条、不可叶由、雖度々加問答候、不能承引、自昨日十六日及其企候。新儀上者、神慮難測候。早々被成御下知、被停止候者、可目出候。此旨宣預御被露候。恐々謹言。
九月十七日　　　　禅予（北野宮寺御師松梅院）
松田丹後守殿

北野において勧進曲舞で、この書状に「諸家」の名が明記されていない点は残念であるが、それでも武将の命を受け、その被官が勧進興行の陣頭指揮にあたっていた様子を窺うことができる貴重な資料である。

文明十一（1479）年に催された幸若大夫の地蔵堂（現在の壬生寺）律院修理の勧進曲舞の時にも細川讃岐守の被官が勧進興行の陣頭指揮にあたっていた。この事実は、幸若大夫の芸能者としての格を測る上で重要な意味を持つ。すなわち幸若は、有力な曲舞の一派であったというに止まらず、曲舞の徒のなかでも抜群の格を備えた芸能集団であったと判断しておいて大過あるまい。応仁の乱終結後間もない京において芸能者の名声や格が急速に高まることは想像にかたく、よって、幸若大夫の抜群の格は、応仁の乱勃発前の時点で既に獲得されていたものと推定されるのである。（川崎剛志「舞曲と幸若大夫」P75）

○『北野社家日記』延徳元（1489）年十一月三日
今日香（幸）若大夫勧進、永御寮上殿依所望為当坊塞桟敷見聞在之。

《この頃宮中での幸若舞》

○『御湯殿の上の日記』延徳元（1489）年九月十九日
あんぜん寺殿、れんき、はんせう、女中ないないのおとこたち御てうし事ありて、八らう九らう（八郎九郎）にわかにめして夜に入てまはせらるる。

○『御湯殿の上の日記』延徳元（1489）年十月九日
外様の申沙汰にて幸若舞ふいつもの人ずことごとくあり。

○『山科家礼記』延徳元（1489）年十月九日
禁裏外様御方々今日申御沙汰カウワカ（幸若）マウ本所御参候也

○『宣胤卿記』延徳元（1489）年十月九日
参内・・・此間越前舞幸若大夫上洛於千本有勧進、此舞被等聞食度之様仰之間勧修寺大納言先日所相触也・・・於孔雀間（内裏）舞、出御朝餉間公卿以下台盤所召出之度・・・乗燭事終退出。

『宣胤卿記《のぶたねきょうき》』は、戦国時代の公卿の中御門宣胤の日記である。

○『御湯殿の上の日記』延徳元（1489）年十月九日

とさまの申さたにてかうわか（幸若）まふ、いつもの人ずことごとくあり。

○大沢久守『山科家礼記』延徳元（1489）十月九日

禁裏外様御方々今日申御沙汰カウワカ（幸若）マウ本所御参候也。

大沢久守は、室町中期の華道家、立花の名手として宮廷や武家社会に迎えられ、日記「久守記」（『山科家礼記』）がある。

○『実隆公記』明応六（1497）年九月七日

有二人舞、可参之由有催之間、午下刻参内、於小御所有此事、幸若也、音曲神妙尤有興、内々衆少々祗候。（五郷寅之進「幸若舞曲研究の課題（一）P8）」）

『実隆公記』の著者は、歌人・能書家としても著名な室町後期の貴族三条西実隆の日記である。

○『御湯殿の上の日記』明応六（1497）年九月十八日

「二宮の御方御ちやうぎやう、またの御ほうらくの御れん歌あり。・・・はて丶かうわか（幸若）にまはせらるゝ」。

○『実隆公記』永正六（1508）年閏八月二日

今夕於禁中有二人舞曲。

○『二水記』大永三（1523）年八月三日

午後参内・・・御座敷小御所也有曲舞越前香（幸）若徒党云々三番舞了退出。『実隆公記』禁中女房の頼みで幸若舞三番あり。

『二水記《にすいき》』は、「一止記《いっしき》」ともいう。権中納言鷲尾隆康《わしのおたかやす》の日記である。

7　大内義隆と幸若舞

大内義隆は、周防・長門・石見・安芸・豊前・筑前の守護を務めた。義隆の時代には領土的に全盛期を迎えるとともに大内文化が爛熟した。義隆は和歌や連歌、芸能など公家文化への関心が高く、この時代、山口は西の京として繁栄の極みを迎えていた。

幸若の里越前田中郷領主十代飛鳥井雅俊（1462―1523敬雅）は、地方諸大名家の師範として活躍、特に大内義隆と親しくし山口で没している（『国史大辞典』、『朝日日本歴史人物事典』）。

応仁の乱で荒れ果てた都を離れ、幸若大夫の活動記録でも、この頃から中国地方への進出が分る。

《陶興房嫡子次郎（興昌）と幸若舞》

大内義隆の重臣、陶《すえ》興房（道麒入道）は、大内家臣団の中で戦功随一とされる名将だが、和歌にも優れた教養人という一面もあり、当主大内義隆とともに飛鳥井雅俊と交流し指南をうけていた。

香川正矩『陰徳太平記』上巻22―4には、次の様な話（1529年頃）が書かれている。
『陰徳太平記』巻二十「陶持長殺嫡子義清事」の条に、越前ヨリ幸若太夫下向セシカバ義隆卿甚ダ賞翫シ給ヒ軈テ烏帽子折ヲ所望有ケリ、大夫廂ノ間ニ於テ手拍子丁丁ト拍テ之ヲ舞ケルニ、聴聞ノ貴賤感激ニ堪兼テ袖ヲ濡サヌハ無リケリ、陶ノ入道宿所ニ帰リ嫡子次郎ヲ近付汝幸若ガ音曲学得ツベキヤト云イケレバ幸若ヲ似セ候ハン事ハ誠ニ鵜ノ真似スル鴉ニテ候ハンヅル共父命ニテ候ヘバトテ扇ヲツ取手拍子打テ舞ケルニ聲響亮々タルハ震林木涌流泉幸若ガ舞ヨリモ猶面白ク聞ニタレバ父ノ入道モ哀レ器用第一ノ吾子哉ト思ケルニモ君ノ御上蔑如ニ申ケル事一入身ニ入《シミ》テコソ覺エタレ。

享禄二（1529）年、周防国（山口県）の戦国大名大内義隆の重臣、陶《すえ》尾張守興房（道麒入道）（1475―1539）には、嫡子次郎（興昌）（―1529）という器量骨柄も世に優れ、実にすばらしい若侍がいた。しかし、ややもすれば自分の才能を鼻にかけ、主君大内義隆卿を見かけると「武士が仰ぐべき大将ではない」と眉をひそめて嘲笑っていた。父の入道が「嫡子の次郎は武も文も全備しているし、そのほかの芸能の道だって、弓馬は達者だし乱舞にも堪能、詩歌・管弦に至るまで、人間がたしなむべき道では一つとして劣ったものなどない。しかし主君の義隆卿を何かにつけて侮っているようだ。まったくどうしたものか」と思い悩んでいた。そんな折、越前から幸若大夫が下向してきたので、大名大内義隆卿は非常に喜んでもてなし、「烏帽子折」を所望した。幸若大夫が広縁で手拍子を打ちながら舞うと、聞いていた人々は貴人も賤民も皆感動にたまりかねて涙で袖を濡らした。

陶の入道は自分の宿に帰ると、嫡子の次郎を呼び寄せ、「おまえはいつも舞を好んで舞っている。幸若の音曲を学んでみるか」と問いかけた。次郎は、「私が幸若を真似るのは、実にカラスがカラスの真似をするようなものですが、父の命であれば、似せて舞ってみましょう」と扇を手に取り、手拍子を打って舞った。次郎の舞は、幸若の舞よりもさらに趣深いものだった。父の入道も、「わが子ながら、なんと器用なものだろう」と感心したが、これでさらに、主君のことをないがしろに言うようになるだろうと想像がついた。主君の御ためを思えば、わが子など取るに足らないと考え、ひそかに次郎に毒を飲ませた。次郎は十五歳の春の頃哀れにも亡くなってしまう。その後、陶入道は妹の子五郎隆房（晴賢）を養子とする。

『陰徳太平記』を書いたのは、江戸時代初期の周防国岩国領の家老香川正矩《かがわまさのり》である。

《戦国大名大内義隆と重臣陶興房二男晴賢》

第一次月山富田城の戦いのあと、文治派を重用して軍事面への興味を失った大内義隆は、山口に滞在する公家たちと遊ぶばかり。応仁の乱で荒れた京都を離れて山口で過ごす公家たちが遊び暮らすお金は、大内の領民が負担する。

○『陰徳太平記』巻十九、天文廿（1551）年八月廿六日の条に大樹義輝（足利第十三代将軍義藤（義輝と改名））公ヨリ上使有、又大友義鎮ヨリモ使者有ケレバ・・・日夜酒宴アリ、幸若流ノ舞ノ上手小太夫ニ志田（信田）、烏帽子折ナド舞セラレケレバ、上下聴聞ニ貧著シテ合戦ナドノ噂モナシ。（市古貞次「幸若舞・曲舞年表稿」）。公家趣味に没頭する大内義隆に、これ以上領国を任せておけないと不安に思う陶隆房（晴賢）。

八月廿三・四日から、陶隆房《すえ》の討入りの噂は周防国中に広がって大騒ぎになった。大内氏の始祖琳聖太子以来、千年の治政も終わりかと、人々は家財道具を運び、妻子を連れ、老いたる父母を伴って山里に隠れようと逃げ出し、国中がひっくり返るような混乱の中で、八月廿六日、大内義隆（1507―1551）は築山館で将軍足利義輝の使者を迎え、大友義鎮（豊後国キリシタン大名宗麟）も使者を寄越したので、夜に日をついでの酒宴を催した。

○『陰徳太平記』巻十九「（大内）義隆卿築山没落事」天文廿（1551）年八月廿六日条に、八月廿六日大樹（足利）義輝公ヨリ上使有。又大友義鎮（宗麟）ヨリモ使者有ケレパ築山ニ於テ氷肴山海ノ至珍ヲ集メ飡膳ヲ結構シ日夜酒宴アリ。幸若流ノ舞ノ上手小太夫ニ志田・烏帽子折ナド舞セラレケレバ、上下聴聞ニ貧箸シテ合戦ナドノ噂モナシ（『陰徳太平記』巻十九）。

幸若流の小大夫に、「志田」・「烏帽子折」などの曲を舞わせて、国中の騒動など知らぬげに、これを楽しんだ。八月廿八日陶隆房が若山城を出発。

大内義隆への謀反を決意した陶興房（法名道麒入道）の次男隆房は天文二十年（1551）八月二十八日挙兵、主君大内義隆を追い込み大内義隆は公家の冷泉隆豊らとともに、大寧寺に逃れたものの抗戦を断念して九月一日自害する。（大寧寺の変）

この謀反では山口に滞在していた公家の三条公頼や、二条良豊なども殺されている。

陶隆房（後の晴賢）は、大内義隆の養子で大友義鎮（後の宗麟）の弟大友晴英（後の義長）を飾りの大内当主の座に据えたが、天文廿四（1555）年十月一日、厳島の戦いで毛利氏に味方する村上水軍によって大内水軍が敗れて退路も断たれ毛利元就軍に敗れ、陶晴賢は自刃、大内氏は弘治三（1557）年滅亡する。

8　朝倉孝景と幸若舞

幸若各種系図によると、幸若諸家は朝倉氏と深い関係にあった。（桃井龍一記「清和源氏桃井幸若家系譜」）

○　幸若初代桃井直詮は、一乗谷初代朝倉孝景（敏景）より三千貫を領した。朝倉家菩提寺一乗谷の心月寺に葬られる（笹野堅『幸若舞曲集』Ｐ24）。

○　幸若二代八郎九郎直継は、一乗谷初代朝倉孝景（敏景）より三千貫を賜る。父桃井直詮の肖像画を制作させ、一乗谷心月寺の海闉禅師の賛を付した。

○　幸若二代弥次郎安義は、一乗谷二代朝倉氏景に仕え心月寺に葬られる。

○　幸若二代庄兵衛（家祖）安正は、一乗谷三代朝倉貞景の家臣佐野秀勝の娘を娶っている。

○　幸若三代八郎九郎家義継（義昌、号桂嶺）は、朝倉家に属し物頭役を務める。一乗谷四代朝倉孝景の時、甥朝倉五郎殿逆心の為加賀の境まで孝景出馬に御供する五郎殿強敵にて大分人数損すべきに窮まり桂嶺（幸若三代八郎九郎家義継）了見を以て和睦いたした、計って詰腹めさせその乱を治める。

○　幸若四代小八郎（家祖）直義は、元亀三（1572）年、一乗谷五代朝倉義景に従って織田信長と戦い討死する。
○　幸若五代八郎九郎義安は、「幸若甲斐朝倉」と言われ一乗谷五代朝倉義景の相伴衆を勤めた。
○　幸若六代八郎九郎義重は、一乗谷五代朝倉義景に仕え朝倉氏の滅亡後は織田信長に帰順した（『越前幸若舞を知る100項』P54）。

幸若家の諸系図には、内容に似たような幸若丸伝承がいくつも書かれているが、これらとはやや異なる説明を持つ桃井豁氏蔵「幸若家系図」（笹野堅『幸若舞曲集』P217）がある。

この中の幸若二代八郎九郎直義の子、幸若三代八郎九郎義昌（義継）のところに、「朝倉五郎謀反の時の幸若大夫」と「朝倉孝景出陣時の幸若舞」を内容とする二つの記事が見られるので紹介する。

《朝倉五郎謀反の時の幸若大夫》

義昌（幸若三代八郎九郎義継1486―1556）、治部太夫大蔵介、四十八歳ニテ入道號桂嶺玄昌ト、妻ハ朝倉大郎左衛門尉入道宗嫡娘也、其比朝倉家ハ滎林（朝倉七代孝景

（敏景））ヨリ三代目孝景（朝倉十代孝景（宗淳））ト號ス甥朝倉五郎殿逆心ノ時加賀堺マテ孝景御出馬御供イタシ五郎殿強嫡ニテ大分人数ソンスヘキニキワマリ候所ニ桂嶺（義昌）了見ヲ以テ和目《ワボク》ニイタシ、タハカツテ詰腹メサセ其乱ヲ治ル。

「幸若家系図」の義昌（幸若三代八郎九郎義継）の欄には、朝倉五郎謀反の時、（一乗谷四代）朝倉孝景（宗淳孝景１４９３―１５４６）が越前国境まで出陣し、計略をもって桂嶺（号、幸若三代八郎九郎（義昌）義継）を使者として和睦とみせかけ、五郎を討ち取り、乱を治めたとある。他例として「備中国守護職三村元親が毛利・小早川両氏と戦い滅亡していく過程で、主君の命を受けて敵地に連絡に出かけて殺される舞の弥助という者が出てくる」。幸若大夫（義昌）もこの舞大夫と同じように武将の身辺に侍り、敵方との交渉の場に登場することがあったようだ。また義昌の妻は「朝倉太郎左衛門入道宗嫡娘也」とある。朝倉氏のしかるべき人と婚姻関係にあったのであろう。

　また、義昌以外でも、「八郎九郎家系図その二（笹野堅『幸若舞曲集』Ｐ２３３）」に、幸若五代八郎九郎義安は、「朝倉義景より知行三千貫賜。当世の知行三万七千五百石也。希明・幸若・甲斐・朝倉と云を、義景一族之内に居て、相伴衆と是を云。」とある。

「当世の知行」については疑問だ、幸若が義景の相伴衆であったということはあり得ないことではない。「相伴衆」は朝倉当主側近の「奏者衆」に近いものであろうか。文中の「甲斐」氏はかっては越前守護代であり、朝倉氏と争い文明三（1471）年の戦に負けた。「朝倉」は、（一乗谷初代）孝景（英林）以前に分家した朝倉庶流をいうのであろう。「希明」は貴明とも書かれるがよくわからない。朝倉義景の最期は一乗谷に火を放ち、大野まで逃れてそこで一族の者の裏切りに遭い自害するが、その時に幸若八郎九郎家の者も死んだという。すなわち、幸若十一代八郎九郎直良が元禄十一（1698）年に、四人の幕府若年寄りに差しだした由緒書（笹野堅『幸若舞曲集』P62）に「朝倉義景信長公ニ被打亡候節私先祖茂於城中三男父子共に打死仕候」とある。（服部幸造「幸若大夫の来歴」P478）

《朝倉孝景出陣時の幸若舞》

越前一乗谷四代朝倉孝景（1493―1548）の出陣時に義昌（幸若三代八郎九郎義継）も参戦し祝言に「大織冠《たいしょくかん》」を舞う。

天文三（1534）年甲午誐五月十日武田信玄越前江寄ラルベキ由聞アリケレバ孝景則美濃堺マデ出張シタマフ出陣ノ朝孝景ノ仰ニハ當時甲州ノテキハアマネク日本無双ノ名将ナリ大職冠ノ曲節ノ万子将軍カマケイ衆羅王ヲ打亡シタルコトヲ我今万子将軍テキハシユラワウト読シ退治スヘシ時祝言ニ大職冠ヲウタイ可申由仰アリケリ桂嶺則大職冠ヲウタフ是ヲハ知テ万子ハ順風ニ帆ヲアケ心ニマカセフカセ行ニカイマンカイマントシテハマタ波

上チヂンタリト云所江申カヽリケルニ其時マテハカイマンカイマンカイマントシテハ久ト唱來リ候ヘトモ信玄ハ甲斐ノ国主然ルニカイマンカイマント申時ハ甲州勢ヲヒタヽシクヲコリタルヤウニ聞テ時ニ取テ不吉ナリト心得ウミマンウミマント申カヘ候ヘハ孝景大ニカンジ玉イ今度ノ軍ウタカイナク勝利タルヘシトテ備前長光ノ太刀二尺七寸感状ニ添下シ玉ワル則美濃堺マテ出陣シタマウニ信玄イカヽ思ワレケン人数ヲ引テ帰国シ玉ヘハ孝景モ帰陣シタマイケリ」の記載がある。

意訳「天文三（１５３４）年五月十日、甲斐の武田信玄公が越前に向けて兵を進めているとの情報を得て美濃の国境まで出陣する。この時、朝倉孝景は、「甲州の敵将信玄は数ある中でも日本無双の名将である。幸若舞曲「大職冠」の曲節の中に万戸将軍が魔醯《まけい》修羅王を討ち滅ぼした話がある。我は今、万戸将軍となり、敵を首羅王と呼んで退治する時なり！」と声高らかに叫んだ後、同伴していた幸若三代八郎九郎大夫（義昌）義継に幸若舞の「大職冠」を舞わせた。戦陣では幸若大夫が「大織冠」の曲節を声にだし舞が始まり「万戸は順風に帆を上げ心に任せ（吹かせ）行く海漫《かいまん》〳〵としてはまた波上ちぢんだり」と謡う所に差し掛かった時、咄嗟に幸若大夫は機転を利かし、このところを「海漫《かいまん》〳〵」と謡えば、信玄は、甲斐の国主であり敵である甲斐勢の勢いがいかにも怒って優勢であるように聞こえて、これでは味方にとって不吉となるからと「海漫《うみまん》〳〵」と変えて謡った。

言葉にも魂があり祝福されればそのものには福運が授かる。幸若大夫の見事な機転を感じ取った朝倉孝景は「この度の我軍は疑いなく勝利たるべし」と大いに喜び後に幸若大夫に備前長光の二尺七寸の太刀を贈る。何を思ったのか武田信玄は戦う事無く兵を引いて甲斐へ帰国してしまった。天文三（1534）年は、信玄十四歳の時となり、記録に記載間違いがあるのだろうか。

《幸若舞曲「大職冠」の一節（概略）》

大織冠と申すは、藤原鎌足の御事なり。この君をば不比等（本作品では同一視されている）とも申す。不比等の二女紅白女は三国一の美人なり、異国までも聞こえの有りて、七帝の総王、太宗皇帝は伝い聞し召され見ぬ恋にあこがれ、勅使を立てて迎え取らせ給う。紅白女大国の后に備わり御父大職冠、興福寺の金堂、釈迦の霊像を御建立あるべきに、揃え給う宝には肉色の御舎利を無価宝珠と名付け贈らせ給いける。この玉はすなわち興福寺の本尊、釈迦仏の眉間に彫りはめ給うべきなりと書きこそ送り給えけり。万戸将軍運宗が守護して送るべきとて湊より船に竿を差し数千万里を送りけり。

海底に住み給う八大竜王の惣王は、玉が日本に渡る事を神通にて知る。奪い取りて、我ら完全なる悟りを得て成仏を遂げよう。修羅の大将魔醯首羅、郎党を引き具してこそ出でられけり。万戸は味方の軍兵ども金剛界の曼荼羅、胎蔵界の曼荼羅、両界諸尊一千二百余尊の曼荼羅を母衣に掛けて吹き反らし、船底よりも名馬ども引きい出す。波に沈まぬ浮沓を四つの足に掛けたれば、波の上を走る事は平路を伝う如くなり。修羅どもこれを見て、不思議なりと逃げ腰の怖気づいた目になったりける。大将の魔醯首羅が進み出て言いけるは、一合戦するぞとて百千若干の郎党どもを相従え、しきりに鬨を作れば。万戸の兵ども羅睺阿修羅三百人、からこんら阿修羅五百人、手を砕いてぞ斬ったりける。総大将の魔醯首羅、八つの顔と八つの肘を振り立てて、剣先八つの鉾を打ち振り駆けにけり。万戸、これを見て叶うべきようあらざれば、海水を汲み手や顔を洗い清め、かの観音菩薩を念じるならば、ことごとく敵は退散する。万戸、勝鬨作り駆け、元の船に乗り、修羅唐人の戦いに勝ちぬや勝ちぬやと勇みをなし、唐土高麗走り過ぎ日本近くぞなりにける。

敗戦を知った竜王達、これをば、さて如何はせんと詮議せられけり、難陀竜王宣まわく、それ人間の智恵を謀らんには、見目良き女によもや勝る者はあるまい。竜女を持ってこの玉を謀って取るべきなり。竜宮の乙姫に「こひさい女」と申して、並びなき美人たりしを神霊が乗るという空舟に作り籠め、波の上に押し上げる。これをば知らで、万戸、「順風に帆を上げ、心に任せて吹かせ行くに、海漫《かいまん》〳〵としては、又波上ち丶むたり（海は広く果てなく波もひっそり静まり返っている）。」流れ木一本浮かんであり、船頭や舟こぎ手が是を見て、この程の大風に天竺唐土の香木が吹かれて流れるやらん、と人々に怪しめたりければ、万戸、何の怪しめ事ぞただ取り上げよと下知をなす。端舟降ろし取り見るに、香木ではなく、この木を割ってみると、美人一人居わします。船頭や舟こぎ手が是を見て、斧まさかりを投げ捨てて、あっとばかり申す。

万戸、これ由見るよりも、いか様にも御身は天魔波旬の化現にて妨害しようとするそのためだな怪しや如何にと言いければど、何と物をば言わずして只涙ぐみたるばかりなり。万戸重ねて言いけるは、ただ海底に沈め水屑に成せと勇みをなせば。竜女は、ひどく慌て気が気でなく、あら恨めしの人の言葉や、野に伏し山を家とする虎狼野干の類でも情けはあるとこそ聞け、自らの名前は契丹国（モンゴル族の一部族）の大王が大切に育てた姫であるが、ある后（継母）の讒言により浮舟に作り籠め広大な青海原へ流された。

或いは助けてくれるかもしれないと思ったのに、何の罪にて憂き海底に沈めようとするのか恨めしさよとかき口説く。そんなに賢い万戸とは申せども、やがて下る負かされ、げにげにそれはさぞあるらん、それぞれ同船申せとて同じ船に乗せてやる。竜王の業なれば、向こうざまに風吹いて船は進まず、房埼の沖に十日ばかり逗留する。（新日本古典文学大系『舞の本』P15）

《場を作りかえることばの力》

時代は変わるが『朝倉始末記』にこんな話がある。

寛正六（1465）年一月、越前坂井郡黒丸領主朝倉敏景は、斯波義廉重臣、増沢甲斐守祐徳の杣山城攻撃のため進軍中、通りかかった僧が傍らによって礼をした。敏景は、出陣の祝《ことほ》ぎ一句これあるまじきかと宣へば、

「朝風にもまれて落つる甲斐手かな」

（朝風に楓が散る、朝倉氏の勢力に甲斐手、つまり甲斐守の軍勢が破れる）

と仕りければ、敏景一段御感にて、やがてめでたく帰陣あるべしとて馬を早めてのられけりとある。

この句は、私たちが忘れがちなことばの力を感じさせる。敏景とその麾下《きか》の軍勢のアッと感じ入るどよめきが聞こえてくる。僧は句を懐紙に書きつけるのでなく、ことばでいいかける。このなぞのような掛け詞は、敏景ばかりではなく、従軍中の侍たちにも同時に解かせることになる。ひとつの句をめぐってそれらの人々が主体的に解読に参加している。戦に参加しその場を共有すること自体が、ある密接さをつくりだす。この密接さが強制されない統一をつくりだす。侍たちに主体的な参加を誘い、その解読の結果が、敏景の期待する勝利である。

先の幸若の詞章は、語ることを予定しながら書かれたものといえる。口語りで語られた詞章がかなり忠実に文字に書きとめられ正本となっている。

戦国武将は合戦に打ち勝つために配下の者の主体的な参加を最も必要とするだけに、口頭言語を充分に利用したものと思われる。（山本吉左右『くつわの音がざざめいて』P23）

○　幸若四代小八郎直義は、国主一乗谷五代朝倉義景滅亡の時その麾下にあって戦死した。直義は小八郎の祖である（『朝日町史』P489）。

○　宝永年間（1704―1711）、幸若三家は慈眼寺焼失に際し二度にわたって一両二歩と一両を寄進（「戦国大名朝倉氏と一乗谷」、『越前幸若舞を知る100項』P208）。

慈眼寺は、嘉慶元年（1387）天真自性禅師が開山、天真派根本道場として最盛期には境内に七堂伽藍が建ち並んだ。一乗谷朝倉氏に庇護され朝倉孝景と朝倉景高との対立の際には慈眼寺は孝景を匿った。朝倉氏は一乗谷に移ると、その地に孝景（英林）の祖父教景の菩提所として心月寺を建立、天真の門弟竜興寺三世の桃庵禅洞を招いて開山された。

桃庵の弟子で心月寺の二世の海闉梵覚は泰蔵院（鯖江市）を開山したが、その弟子で心月寺三世の夫巌智樵は越中松倉城主の椎名氏の外護を受けて越中新川郡東山に雲門寺を開山するとともに、越前に英林寺を建立した。これは朝倉孝景（英林居士）のための寺院であった。

《**証如上人と幸若舞**》

証如は、浄土真宗本願寺派第十世宗主、天文元（1532）年、法華宗徒に山科本願寺が焼かれたので寺基を大坂（石山本願寺）に移した。証如上人は、天文十（1541）年には宿敵であった朝倉孝景と和談した。

証如は、朝廷へ経済的支援を行うことで、朝廷から僧官や勅願寺認定などの見返りを得ていた。さらに、この日記には、甘露寺伊長による和歌指導や幸若の里越前田中郷の十一代領主（『朝日町史』P34）でもある飛鳥井雅綱による蹴鞠の指南など、証如が公家から文化的素養を吸収していた記事も見受けられる。

○『証如上人日記』天文廿三（1554）年四月十一日

久世舞幸若大夫来、照護寺下也（来舞）、六十近者也来。舞度之由内々望之、頼資被、露之間、即於亭令舞之。頼若太郎、たかだち、景清上□、新曲、こしごえ（腰越）以上五番也。座敷七人也。音曲面白相聞也・・・大夫二三百疋、同子、悉皆脇ヲスル百疋、座者六人中三百疋遣之（五郷寅之助「幸若舞曲研究の課題（二）」P54）。

○『証如上人日記』天文廿三（1554）年、本願寺にて幸若舞五番あり（『越前幸若舞

を知る100項』P201）
この日記には、幸若大夫による「新曲」上演のことが記録されている。「新曲」とは、後につけ加えられた曲目の意と考えられ、しかもこれが『太平記』の「一宮御息所事」とほとんど同文であることから推して、十六世紀半ばまでには、幸若舞はすでに文字伝承の段階に入っており、正本も成立していたと推定される。幸若と並立する大頭舞の文献上の初出は大永三（1523）年であるが、現存する幸若と大頭の正本間に大きな異同がないことから考えると、相互の間に書承関係があったものと考えられ、幸若正本の成立は十六世紀の初めごろまで遡ると考えてよい（荒木繁『幸若舞1』P355）。
○『言継卿記』永禄十（1567）年四月六日
京都近衛烏丸にて香（幸）若大夫の勧進あり（『越前幸若舞を知る100項』P202）。

9　毛利元就と幸若舞

毛利輝元の連歌・能楽等の芸能好きは有名であるが、それは祖父にあたる毛利元就から継承したものであったらしい。彼の意を受けて編まれた『老翁物語』下に、毛利元就の事を「りっ花の上手、歌道の達者、乱舞の者、盤上の名人巳下、緒方より御音信として参り候。それ〴〵ぞれ相当に御あしらい成され御国の内には何国にも遊民とて、一芸一能にたづさはる小人おほく候。さ様の者執心稽古をば自然にさせられ、それ〴〵ぞれ御用の時召し出され候」と追想して、その諸芸能を愛好し保護したことを述べている。（庵逧巖「幸若舞「毛利家本」の成立」）

《毛利元就の観能と幸若舞聴取》

能楽については、永禄九年十一月（永禄十（1567）年の誤）、毛利元就が尼子義久を出雲に撃破した後、吉田郡山城に帰陣し、将士と共に幸若大夫の舞や観世大夫父子の能を観た記事が見える。すなわち元和八（1622）年の筆記とされる『桂岌圓覚書』に、「然る処、観世大夫宗節并に三郎罷り下り候。月迫に候つれ共、しはす中旬一座登城仕り御対面成され、御はやし候て、同廿三日郡山籠興禅寺で前日から大雪、本日は無いかと思っていたら、両殿桟敷へ御下り成され、大夫の所へ御使いを遣さるるに付て、大夫仰天して、取り敢ず楽屋へ入り仕り、日出より御能初り、極晩に御能終り、御登城成され候。御両殿様御供衆、雪上に敷皮にて伺公仕り候。其日は天気能く候て雪解け、寺中の大木の枝より雪落ち候て、芝居の衆伺公の上へおちかかり、庭の雪はとけ水の中のごとく成る所に、終日罷り居り暮し候、御前へは終に御酒一度も参らず、御見物成され候。といかにも戦国剛健の見所のさまである。興禅寺での観能には吉川元治、小早川隆景も見物していて、幸若の舞は二度聴取された。」とある。

『吉田物語』第九、『温故私記』巻十にも同様の話が見えるが、後者には、この「観世大夫父子吉田へ罷下る事」の前に、「幸若大夫吉田へ罷下る事」の記事を載せる。その条を次に引く。

『温故私記巻十』永禄九年（永禄十（1567）年の誤）十二月中旬越前の州より幸若舞大夫吉田へ罷下、廿日余逗留候。御城内満願寺と中御寺に舞台被仰付、舞を両度被聞取候。元就公輝元公御両殿より御礼物千貫舞台に御積せ被成被遣候。

毛利家が幸若大夫へ支払った「礼物千貫」については、「貫」は石高を示す単位で、銭千枚を一貫とする。天文九（1540）年、朝倉孝景は、朝廷へ御所修理料百貫文、将軍家へ五十貫文を送り、対立する弟景高の追放を幕府へ願い出るとあり、幸若大夫への礼金がいかに破格であったかが分かる。

あたかも同じ時期に幸若と観世が吉田郡山城を訪れているわけで、これより十五年後、安土城の総見寺で、信長が家康、梅雪等のために張行した幸若八郎九郎と梅若大夫との競演を想起せしめる。ただし、毛利家の場合は、演能は山麓興禅寺で行われ元就・輝元のほか吉川元治・小早川隆景等が見物している。幸若の舞は、城内万願寺で二度聴取されたと有る。この万願寺には元就が願主となって天下泰平国家安全の為の毎月の護摩供と戦場親疎死亡追福の為の毎月の光明真言法とを執行せしめており、後代の『萩藩分限帳』にも「京都仁和寺末御戒内満願寺高四百七拾八石八斗六升七合」とされている毛利家累代禄の深い寺である。

この観世と幸若の来演については、厳島神官の記録『棚守房顕手記』にも見える。「七月観世太夫下向在り、吉田より至に当嶋参詣之条」で始まり、最後に「其年幸若太夫下向して、逗留七月中、又其次年（幸若）八郎九郎下向す」と見える事から、観世と同年に訪れたのは（幸若）小八郎だったのであろうか。

なおこの観能の記事は、諸書みな永禄九年の冬のこととするが、実は翌十年の錯誤である事を次に引く『毛利家四代実録考証論断』巻四は説いている。従うべきであろう。さすれば前記の幸若来演もまた、永禄十年に属することになる。「按諸軍記（老翁、吉田、岌圓、温故）皆九年ノ冬ニ載ス。然レドモ九年ハ公ハ雲州在陣ニテ吉田ニ在ラズ。今年二月帰陣ナレバ、其誤リ瞭然タリ」（庵逧巌「幸若舞「毛利家本」の成立」P11）。

○『広島県史年表（中世2）』永禄十二（1569）年幸若大夫長広高田郡吉田に赴き毛利元就らに面拝幸若舞を舞う［（県）厳島野坂1713］

○『毛谷村六助実記』（国立国会図書館）幸若太夫舞の事では、「天正十三（1585）年、越前の幸若太夫芸州（広島県）にくだり吉田の郡山八幡宮の神前に於いて八月九日より七日の間□めの□幸若の舞曲興行せられける」とある。毛谷村六助は、加藤清正の家臣で剣の名手であったと言われている。

10　武田信玄と幸若舞

『信長公記』の中に、「武田信玄が信長に注目」の記事がある。『信長公記』の中の前後のエピソードから見て永禄元年（1558）頃の記事と思われる。

一切経（すべての仏典）を二度くりかえし読んだという矢沢という天台宗の僧侶がいた。ある時、関東へ下る途中の甲斐の国で、役人が「武田信玄公にごあいさつして行くがよい」と申すので、ごあいさつを申し上げた。信玄公は、まず「上方はどこの生まれか」と生国をお尋ねた。そこで矢沢は「尾張の国の者でございます」と申し上げた。こんどは「住んでいるところは」とお尋ねた。「上総介殿の居城、清州より五十町東の春日井原のはずれ、味鏡《あじま》という村の天永寺という寺に居住しております」と申し上げた。すると「織田信長公のご様子をありのままに残らず話せ」との仰せであった。矢沢は、「信長公は毎朝乗馬をなされ、また鉄砲のお稽古をなさいますが、師匠は橋本一巴でございます。市川大介をお召しになっては弓のお稽古をなさり、ふだん平田三位という人を側近くお置きになっておりますが、これも兵法でございます。しげしげとお鷹野にもお出ましでございます」と申し上げた。「そのほかに、信長公に趣味はあるのか」とお尋ねになった。矢沢が「舞と小歌が趣味でございます」と申し上げた。さらに、「幸若大夫（幸若舞の師匠）は教えにうかがっているのか」とおっしゃられた。そこで矢沢が「清洲の町人で松井友閑と申す者をしばしばお召しになって、ご自身で幸若舞をお舞になります。けれども、「敦盛」一番の外はお舞になりません。「人間五十年、化天の内をくらぶれば、夢幻のごとくなり」（人の一生はせいぜい五十年、それも六欲天の第五にあたるという化楽天においては一日一夜にしかあたらないのである。まことに夢幻のごときつかのまの一生であることよ）この節をうたいなれた口つきで舞われています。また小歌を好んでお歌いになります。」と申しますと、信玄公が「変わったものが好きであるな」とおっしゃった。「それはどのような歌か」と、さらにお聞きになった。

そこで、矢沢は、「死のうは一定、しのび草には何をしよぞ、一定かたりをこすよの」（死は必ず誰にも訪れるもの。生前を忍ぶ便りとして、生のある間に何をしておこうか。人はそれをよすがとしてきっと思い出を語ってくれるであろうよ）、これでございます。すると信玄公から「ちょっとその真似をしてみられよ」という仰せであった。「出家の身ですから、一度も歌ったことがございませんので、出来かねます」とお答えすると「是非、ぜひ」と仰せになるので、まねをいたしした。そのほかに色々と問答した後に、「これでおいとまを」と申し上げた。すると、信玄公は「上方へ上る折には必ず立ち寄られよ」と仰せになり、矢沢は退出申した。

幸若舞のことについて、武田信玄もよく熟知していたようであり、また、清洲の町人「松井友閑」と言う人については、元々は尾張津島の商人であったが、織田信長に祐筆（秘書）として登用された後、信長の使者として各方面での折衝に当たることを任務とし、元亀元（1570）年には、堺政所（代官）として、信長政権の都市支配の一翼を担う、天正八（1580）年の石山本願寺開場の時には目付けとなるなど、信長に認められ、終始側近として活躍した人物である。

11　織田信長と幸若舞

《織田信長桶狭間決戦前に幸若舞を舞う》

『信長公記』には、永禄三（1560）年五月十七日、今川義元は軍兵を率いて沓懸に参陣。織田方の佐久間大学・織田玄蕃から「今川方は十八日夜に入り、大高の城へ兵糧を入れ、援軍のこないよう、十九日朝、潮の干満を考えて、必ず砦奪取の挙に出るに違いない」その旨を十八日の夕刻になって、清州の信長公へご注進申。しかし、信長公は、その夜のお話にも軍議に関することはまったく出ず、色々世間のご雑談ばかりで、「もう夜が更けたことであるから、みな帰宅せよ」とお暇を出された。家老衆は、「運勢が傾くときには日頃の知恵も曇るということがあるが、このような時を言うのであろう」と、信長公をあざ笑って皆々お帰りになった。予想されたとおり、夜明け方に、佐久間大学・織田玄蕃から早くも鷲津山・丸根山に敵の軍兵が攻めかけたと、おいおいご注進があった。

このとき信長公は。幸若舞「敦盛」の舞を遊ばされた。「人間五十年、化天の内をくらぶれば、夢幻のごとくなり、一度生を受け滅せぬ物のあるべきか」とうたわれて、「法螺貝を吹け、具足をよこせ」と仰せになり、ただちによろいをお召しになり、立ちながら食事をとられると、かぶとをお着けになって御出陣になった。

その時のお供はお小姓衆の、岩室長門守・長谷川橋介・佐脇藤八・山口飛騨守・賀藤弥三郎で、主従六騎が熱田まで三里をあっという間に駆けられた。（午前八時ごろに）源太夫の神社の前から、東の方をご覧になると、はや鷲津・丸根の両とりでは陥落したと見え、煙が上がっていた。従う者はわずかに六騎、雑兵二百人ほどであった。

《幸若舞曲「敦盛」の一節（概略）》

たまたま熊谷直実、生を弓矢の家に生まれ武芸の技を都で見せて、命を懸けた戦陣の夕べあの時この時の数多くの戦を通してあれこれしかじかの名誉を得た。

さてもこの度、悲しきかなや、年長者である熊谷直実がこの年少者の平敦盛の供養をしなければならなくなる順当でない縁を深く結び奉るところ嘆かしきかな、つたなきかな助けようとしても助けられなかった、この良くない宿縁をひるがえすものならば、永久に生死の迷界から抜け出て一つの蓮の縁とならんや。世を離れて独り静かに庵を結んで、平敦盛の死後の御冥福を熱心にお祈りするということが嘘か本当かは後日人々の広く知る所になるでしょう（ここまでは熊谷が門脇中納言平教盛（平清盛の異母弟）殿へ書いた書状の曲内容の一部）。

さる間に、熊谷直実、仏道を修行して悟りを得ようとする菩提心ぞ起こりける。一ノ谷の合戦からほぼ一年後の今月十六日に讃岐の八島を攻められるべしと聞いてあり、我も人も憂き世に長らえて、こういう辛い目に、またこの熊谷直実はあうのであろうか。思へば、この世は常の住み家にあらず。草葉に置く白露、水に宿る月より猶あやし。金谷（中国の観花の宴で有名な金谷園）に花を詠じ、栄花は先立って無常の風に誘われる。南楼（中国で観月をした故事で有名な南楼）の月をもてあそぶ輩も、月に先立って有為の雲（はかない無常の雲）にかくれり。人間五十年、化天の内を比ぶれば、夢幻の如くなり、一度生を受け、滅せぬ物のあるべきか。これを菩提の種と思ひ定めざらんは、口惜しかりき次第ぞ、と思い定め、急ぎ都へ上りつつ敦盛の御首を見れば、もの憂さに獄門よりも盗み取り、我が宿に帰り僧侶に供養してもらい無常の煙となりました。

お骨を取って首にかけ、昨日までも今日までも人に弱きを見せじと力を添えし白真弓、今は何にかせんとて、三つに斬り折り、三本の卒塔婆と定め、浄土に渡る橋をかけ、宿を出て京の東山黒谷（京都市左京区）に住み給う、法然上人を師匠に頼み奉り、元結を切って西に投げ捨て、その名を引き変えて蓮生房と申す。花の袂を墨染の十市の里（奈良県橿原市十市と遠地と掛ける）の墨衣、今きて（着ると来るを掛ける）見るぞ由なき、かくなる事も誰ゆえ風にはもろき露の身と消えにし人のためなれば恨みとは更に思われず。かくて蓮生（熊谷直実）、黒谷に籠居し心の乱れを去り安らかに念仏申していたりしが、ある時、蓮生（熊谷直実）心の内に思うよう、紀の国に御立ちある高野山へ参らばやと思い、上人に御暇申し仏道修行の行脚の縁笈肩に掛け、頼む物は竹の杖、黒谷をまだ夜を籠めて出ける。（新日本古典文学大系『舞の本』Ｐ２１０）となるわけであるが、織田信長は、これの一部分である「人間五十年」の文言部分だけが特に気に入っていたと思われる。

○『言経卿記』永禄十（１５６７）年四月六日
於近衛烏丸杉原跡勧進舞、自今日有之云々越前香（幸）若大夫云々。（五郷寅之助「幸若舞曲研究の課題（二）」Ｐ55）

《織田信長が幸若大夫を家来にする》

姉川の戦いで浅井・朝倉連合軍に勝利した織田信長は、天正元（１５７３）年八月越前一乗谷の朝倉義景を攻め滅ぼすと直ぐに反転し、翌九月に近江の浅井長政を打ち滅ぼす。幸若大夫は、始め越前朝倉家に仕えていたが、朝倉家が亡びると織田信長に仕えることとなる。

○「織田信長朱印状」（『朝日町誌Ｉ』Ｐ１０５）
於越前国八木（米）百石宛行候、全可領知候、猶植田（桂田）播磨守

可申者也
天正弐（１５７４）年正月六日
信長（朱印）
幸若八郎九郎（義重）

天正弐（１５７４）年一月は、織田信長が朝倉氏を亡ぼしてから五ヶ月後にあたる。朱印状に、具体的な知行地の地名は見えない。しかし、幸若大夫が信長に仕えた地は尾張国と考えられるが、石高を与えられていたのは越前国内と思われる。

現存する信長の朱印状の宛名は幸若六代八郎九郎義重であるが、このあとの信長北陸一向一揆戦に御伴した幸若大夫四人が、陣営豊原寺で幸若舞を演じていることや、幸若系図からみると、おそらく幸若弥次郎家や幸若小八郎家にも同様の文書（朱印状）が発給されたのであろう。

なお、朱印状の中に「桂田」とあるは、朝倉家の元家臣・前波九郎兵衛吉継のことであり、織田信長に内通して朝倉氏滅亡後は桂田長俊と名を変え、越前守護代に任ぜられたが、ほどを経ず富田長繁に討たれた（『日本歴史地名大系18　福井県の地名』Ｐ３６２）。

織田信長より知行を受け、それを機に、幸若大夫は他の曲舞の徒とは全く別の道を歩きはじめることとなるのである（川崎剛志「曲舞と幸若舞」Ｐ61）。

《織田信長の北陸一向一揆退治》

『信長公記』には、天正二（1574）年正月十九日、信長のもとへの越前近況報告が次のように記されている。

「越前の前波播磨守（長俊）が国中の諸侍によって自害に追い込まれた」、それは越前の守護代として前波播磨守をすえ置かれたところ栄華に酔いしれ勝手気ままにふるまい、同僚に対してもすべて無礼極まりなく命令するので諸侍が謀反に走り前波播磨守を自害させ、その上国境に要害を築いて城番の兵を置き、その後は越前一国が一揆の支配する所となってしまったという次第であった。

信長は、朝倉義景を攻め滅ぼし旧朝倉家臣らに越前の統治を委託したが、天正二（1574）年一月、旧朝倉家臣らが内紛を起こし、その混乱に乗じて一向宗徒らが蜂起、一向宗の指導者本願寺の顕如は部下の武将・下間《しもつま》頼照を越前支配のため派遣するも下間が重い課役（労役や米銭の徴収など）を課したため領民や一揆勢の不満が爆発、信長はこの混乱を好機ととらえ挙兵する。

天正三（1575）年八月十二日、織田信長は、北陸一向一揆退治のため、自ら岐阜城を発し約三万の大軍で進軍。八月十四日には敦賀城に入城。八月十五日から十九日にかけて信長公は敦賀に御滞在。八月十五日、信長軍は一揆の本拠地府中へ侵攻、海上からも若狭・丹後の水軍数百艘の船で海上封鎖し進撃、各地の砦を次々と制圧、夜には府中龍門寺城も陥落する。この戦では、民家や神社仏閣を焼き払い一揆の門徒宗一万二千人以上を殺害し、越前を完全に支配下に置く。

『松雲公採集遺編類纂104』には、織田信長は、越前目付の前田利家らに「織田大明神（越前町織田地区の劔神社）の神域については先祖に特別の仔細が有るゆえ一切手を付けてはならぬ」と命じている。

八月廿三日一乗の谷へ信長公は御陣営を移された。八月廿八日、堅城として名高い越前丸岡にある豊原寺を焼き払うと、信長公は、平定し終えた豊原寺に陣営を移された（『信長公記』）。翌日豊原寺では幸若舞が舞われている。

《信長陣営豊原寺での幸若舞》

○　大乗院尋憲『越前国相越記』天正三（1575）年八月二十九日

信長へ礼出、原（原田）備中者山ニカヽミ居一揆為成敗遣間・・・次御成之儀候幸カウ若ト申舞々参候条、御モテ成ニ舞ヲ可申付□、此方へ可有御座之由被申出間、近比御懇之儀トテ、二階座敷ニ被居所へ参候・・・次座敷ニ至テ舞聞者也、舞者烏帽子折幸若以上四人シテ舞之、舞過テ菓子一箱幸若ニ信長ヨリ以祐閑（松井友閑）出、舞近此之由

礼申退出畢、未此方可致逗留由申置帰也。（『朝日町誌Ⅰ』P353）

南都（奈良）興福寺の大乗院尋憲が陣中見舞いと称し豊原寺を訪れると、織田信長は、下座より尋憲へ礼をし、もてなしとして幸若舞を勧めた。四人の幸若大夫が「烏帽子折」を舞い終わると、菓子一箱が幸若に出され、信長より以って家臣の松井有閑（堺代官）が礼を述べた。大夫は「礼を申して退出」した。

「烏帽子折」の曲は、牛若丸が元服して源九郎義経と名乗ることや、盗賊の熊坂長範を討ち取るという物語である。

『越前国相越記』とは、南都（奈良）興福寺大乗院の尋憲が、越前一向一揆を平定中の織田信長の陣中見舞と称して越前に入国した際の自筆旅日記である。織田陣中に於いて幸若舞が行われた事が書かれいる。

戦国時代末期、島津義久に仕えた上井覚兼の日記『上井覚兼日記』によれば、幸若舞は戦場における夜の酒宴の席で舞われることが多かった。大夫たちは武将にしたがって戦場に赴き、戦に際して吉凶を占い、災厄跋除の祈祷を行った。また、武将と一緒に戦って修羅場をくぐり、娯楽の場では吉の舞を舞って彼らの前途を祝したとある（『越前幸若舞を知る100項』P25）。

《織田劔神社は織田家の御氏神なり》

天正三（1575）年九月二日、織田信長は柴田勝家に越前八郡、前田利家ら府中三人衆に二郡を金森長近と原政茂に大野郡、武藤舜秀に敦賀郡を与える。わずか十日余りの間に越前と加賀の両国を完全に支配し終えた信長は、豊原寺の陣営から北ノ庄に来て新たな築城のための縄張基礎工事を柴田勝家に命じた後、同九月廿六日岐阜城に帰る（『信長公記』）。

越前国の大部分を任され、北ノ庄築城に当たった柴田勝家は、同年十一月「織田劔《つるぎ》神社は殿様（織田家）の御氏神なり」とのふれ（「諸役免許状」）を出す（「劔神社文書」）。

幸若大夫の住居幸若領のある地域は、古くは北陸の霊山白山（2702m）を開いた泰《たい》澄《ちょう》大師が修行し没した越智山大谷寺があり、また蹴鞠、和歌両道の家として繁栄する公卿飛鳥井家の荘が置かれた地であり、織田信長の先祖が神官の職にあった織田家の氏神、織田劔神社がある場所でもある。この不思議な山越す国は雪降る草深き一寒村である。

《この頃宮中等での幸若舞》

○　『御湯殿の上の日記』天正八（1580）年二月十六日

けふ（今日）上らふより御申候まいあり。なはかう（幸）若というわかしゅうなり・・・

まいのち・・・（五郷寅之助「幸若舞曲研究の課題（二）」P55）。

○吉田兼見『兼見卿記』天正八（1580）年閏三月十三日
自至十一日於下御靈、幸若八郎九郎舞之相談月談書写了、曾我十番切次切終。

《**安土城での幸若舞と能との競演**》

天正十（1582）年五月十五日、織田信長は、徳川家康の甲州平定の功績として駿河・遠江国を与えた。その返礼として、徳川家康は甲斐平定に功のあった穴山梅雪を伴い安土城を訪問している。信長は家康接待の御馳走世話役を明智光秀に命じた。

○『和漢三才図会』天正十（1582）年五月十九日
織田信長公招請家康公、於江州総見寺饗応有、丹波梅若大夫猿若、幸若八郎之舞按舞末知何世始、是亦出伶人行粧、而昔物語附音節而巳、有為形舞居舞の異、今有幸若、臺頭、笠屋之三流、近年浄流璃甚流行、以来舞廃（『朝日町史』P482）。

○本願寺坊官宇野主水『宇野主水日記』天正十（1582）年五月十九日
於安土惣見寺幸若大夫久世舞まい申候其次ニ丹波猿楽梅若大夫御能仕候幸若ハ一段舞御感ニテ金十枚當座ニ被下之梅若大夫御能わろく候て御機嫌ハあしく御座候つれともこれにも金十枚日下之。

○『信長公記巻十五』天正十（1582）年五月十九日

信長公は、安土城下の惣見寺で、幸若八郎九郎大夫に舞を舞わせてご覧になった。次の日は「（大和猿楽）四座（結崎《ゆうざき》座（観世流）・外山《とび》座（宝生流）・板戸《さかど》座（金剛流）・円満井《えんまんい》座（金春流））の能では珍しくないので丹波猿楽の梅若大夫に能を演じさせ、家康公が召し連れて参った人々にも見せ申し、道中の辛苦を慰め申すように」というご意向であった。お桟敷には、近衛（前久）殿・織田信長公・徳川家康公・穴山梅雪・長安・長雲・夕庵と、松井有閑らが入った。また、舞台とお桟敷の中間の土間であるお芝居には、お小姓衆・お馬回り・お年寄衆、それに家康公のご家臣衆が座った。はじめの舞は「大職冠」、二番は「田歌」で、舞の出来が非常に良く信長公のご機嫌は大変良ろしかった。「お能は翌日に演じさせよう」とおっしゃっていたが、まだ日が高いうちに舞が終わったので、その日梅若大夫が能を演じ申した、しかし、その時の能は不出来で見苦しかったので、信長公は梅若大夫をひどくお叱りになり大変お腹立ちであった。それで幸若八郎九郎大夫のいる楽屋へ菅屋九右衛門・長谷川竹の二人を使者に立て、かたじけなくも「能の後で（格式上の）舞をすることは本式ではないが今一番舞を所望する。」と仰せ出されたのである。この時幸若大夫は「和田酒盛」を舞い申した。これもまた前日同様大変優れた出来で信長公の機嫌もなおり、森乱丸が御使いとなって幸若大夫を御前へ召し出され御褒美として大夫へ黄金十枚を下された当人の名誉であることはいうまでもなく外聞もまことにすばらしくありがたく頂戴申したことである。次に梅若大夫に対しては能の出来が悪かったことをけしからんとお思いになったが黄金の出し惜しみのようにとられては世間の評判もいかがかとお考え直しになって右の趣をよくさとされてその後梅若大夫にも金子十枚を下された過分なお取り扱いでかたじけないことであった。

○『川角太閤記』に、於安土ニ家康卿御馳走無残所山海の珍物を・・・幸若八郎九郎まひ殊の外家康卿御感被成さらば幸若今一番仕候へと楽屋へ御使を被立候其舞は和田さかもりをまひ申候右より猶出来候とて金子百両帷子五十被遣候梅若にも御音物は同様也乍去梅若能不出来故重而どうわすれなど仕候其頸を可被成御刎と後に宿へ御使被立候と承候事。

この時の能は散々の不首尾で、信長は大いに腹を立て折檻に及んだだけでなく、明智光秀に対しても接待の仕方が悪いと叱り付けている。光秀はこの翌月に本能寺の変を起こしている。

12　柴田勝家、丹羽長秀と幸若家

○　柴田勝家から幸若五代小八郎吉信に宛てた柴田勝家判物（折紙）がある。（『朝日町誌I』P90）

以田中郷京方、重而打出之内、田方壱町三反小并兄弟居屋敷、脇大夫弥介・同忠右衛門・同五郎衛門居住地子分目録加被見、右分令扶助之条全領知不可有相違之状如件

天正九（1581）年六月二日　（柴田勝家花押）

幸若小八郎大夫（吉信宛）

柴田勝家が幸若五代小八郎吉信へ発給した文書で、幸若家への初めての判物（下の者に宛てた花押のある文書）となる。この判物には「田中郷京方」とある。また、「申告通りに居住地の分（年貢）として田方一町三反を扶助せしめる」といった内容で、文中の「小」は小八郎家、「兄弟」は弥次郎家と八郎九郎家を差す。幸若三家にはそれぞれ脇大夫がおり、弥介・幸若忠右衛門・幸若五郎衛門であった。この時点で、幸若領に幸若三家と分家三家の六家体制が成立していたことが分かる。（『越前幸若舞を知る100項』P69）

○天正十一（1583）年）四月、賤ヶ岳の戦で羽柴秀吉に敗れた柴田勝家とお市の方は自害し、越前（福井市）北ノ庄城には丹羽長秀が入る。

織田信長により幸若大夫に認められた越前の幸若在所（天正二（1574）年、幸若領知行領地の「織田信長朱印状」）は、「丹羽長秀諸役免許状」により守護不入地と確認された（『朝日町誌Ⅰ』Ｐ90）。

○「丹羽長秀諸役免許状」（『朝日町誌Ⅰ』Ｐ90）

幸若在所守護不入、可為諸公事諸役免除、若非分之族於申懸者速可処厳科者也、仍状如件

天正拾一（1583）年五月廿七日　　長秀（花押）

幸若大夫在所中

この文書により、幸若領が「守護不入」、いわゆる治外法権の村になった。従って、幸若在所にいる限り、越前国の警察権や裁判権の支配を受けず、公事（租・庸・調・課役などの税や諸役）が免除されていた。

○『柴田勝家公始末記』に、勝家公就自害臣中村文荷斎ノ息、越前丹生郡幸若領知西田中邑九郎方へ退去シ、成長ノ上、幸若大夫某方之遊客ニ成ト雖モ、勝家公落城ノ無念ヲ晴サンカ為志津嶽合戦之囲ミヲ逃出シ、従弟佐久間久右衛門尉安次同源六郎実政ト牒シ

合、叔父紀州天野郡根来寺ノ粉川法印方ヘ慕ヒ行倶ニ旗ヲ靡シ、羽柴筑前守秀吉ト及対戦之処運拙クシテ、粉川法印討死スルノ故終ニ勝利ヲ得ス敗北ス。とある。

これは、天正十一（1583）年四月、柴田勝家を城主とする北ノ庄城が落城し、この時、勝家の近臣・中村文荷斎の息子が幸若領へ逃げ込んだ。文章中の「九郎方」は幸若八郎九郎家の事で、当時の当主は幸若六代八郎九郎義重であった。「退去シ成長ノ上」と見え、彼は数年にわたって八郎九郎家に逗留したものと考えられる。戦乱の時代が続き、多くの人々が守護不入の西田中村に逃げ込んだのであろうか。（『越前幸若舞を知る100項』P60）

○「丹羽長秀知行宛行状」（『朝日町誌I』P106）

領地方

一、百石　権六分

朝日印内村内

以上

右之通為支配宛行之条、従代官前書渡如帳面、全可領知、浦川用木有之山、如諸給人並相除之状如件

天正拾一（1583）年八月廿一日　長秀（花押）

香若小八郎（吉信）大夫

幸若家の知行地として、「権六分」と見えるのは、この年四月に滅亡した柴田勝家の子息権六の知行分であった同村の百石を知行している。（『朝日町誌Ⅰ』P106）

○天正十弐（1584）年八月八日「（宛名欠く）丹羽長秀（越前守）知行宛行状」領地方三百石（『朝日町誌Ⅰ』P106））。

○天正十弐（1584）年八月八日幸若八郎九郎大夫へ「丹羽越前守長秀知行宛行状」領地方三百石（桃井雄三家文書）（笹野堅『幸若舞曲集』P55、市古貞次「中世文学年表」Ⅲ幸若舞・曲舞）。

○天正十三（1585）年六月十一日
幸若八郎□□（九郎カ）へ三百石丹羽長秀（長重）知行宛行状（『朝日町誌Ⅰ』P106）。

○天正十三（1585）年六月十一日「五郎左衛門尉篠庵へ丹羽長秀（長重）知行宛行状」（『朝日町誌Ⅰ』P107）。

「此書付〈端裏書〉者当（敦賀）金ケ辻子町鍛冶や彦兵衛と申方ニ所持有之由、此方間ニ合書付ニも候哉と兼而人ニ申候故、此写申候て見候処、任此方入用之ものニてハ無之候、」

領知方

（足羽郡）早崎組

一、拾六石八斗七升六合

木田庄内

幸若二介手作分

一、八拾三石一斗二升弐合

朝日内郡

同分

以上百石

右為支配宛行之条、任去年縄打之分、遂糺明、全可有領知、但用木在之山・蘆萱野・浦川等相除之、田畠屋敷外、相給人在之村々事、以相談之上免人足諸事、応高頭可申付之状如件、

五良左衛門尉

天正拾三年六月十一日

長重（花押）

篠庵

この知行宛行状での「篠庵」の名は系図にないが、「領地方十六石八斗七升六合　木田庄内幸若二介手作分」との記載から幸若弥次郎家のものと分る。幸若弥次郎家の系図を見ると、天正十三年に幸若六代弥次郎義成は五十八歳、幸若七代弥次郎誠重は二十一歳であ

り、「篠庵」は幸若六代弥次郎義成であったと考えられる（『越前幸若舞を知る１００項』Ｐ１６２）。

13　豊臣秀吉と幸若舞

《豊臣秀吉の賞と幸若舞の賞賛》

幸若六代小八郎安信は、若くして織田信長に仕えたが後、豊臣秀吉に転任した。ある日秀吉放鷹（鷹狩）の供をしたが、たまたま鴐の前にて狼藉をしたものがあった、幸若六代小八郎安信は直ちに独力でこれを手捕りにしたので秀吉はその功を賞して貞利の銘刀を賜い後また八島合戦を描いた屛風一雙ならびに為家真蹟の古今和歌集一部を贈った。この屛風はその先祖桃井直詮が白山で「八島軍」の音節を感悟した故事によるものである。（『朝日町史』Ｐ４９１）

○　『幸若系図之事』には、八九（八郎九郎）方の音曲は無外八九（幸若六代八郎九郎義重）、名人八九（幸若五代八郎九郎義安）の甥ながら実子なくて家をつがせられたる由、生得の音声殊外無器用にて、敦盛の「花の下《もと》の半日の客、月の前の夜の友と」の節を舞うと、「下せんのたとえに石ぐるまに乗せたるというごとくそゝりて、こゝさしおかしくなりて、云かねられたる程の無器用」であった。そして、「名人八九（幸若五代八郎九郎義安）が、せと（背戸）やかど（外）へ出給ふにも後に付、六ヶ敷曲節を尋らるゝ故、毎度草履のあとをふまる事有し由」と、（幸若六代八郎九郎）義重は（幸若五代八郎九郎）義安の後につきまとい、音曲の要を質問攻めにし、時には（幸若五代八郎九郎）義安の草履の後ろを踏んだという。だが修行のかいがあってか、（幸若六代八郎九郎）義重は上手の位に至り、豊臣秀吉から

八郎九郎音曲は、

「一かい（一抱え）もある梅の古木、所々に花さき言葉たえなる風情也」

と褒められている。また、

小八郎音曲は、

「大木の柳庭中へしたれ、少もつかゆる処なく、じうわう（縦横）自在の妙曲なり」

と御ほめ被遊により名人小八郎（幸若六代小八郎安信）と天下に名を顕し給ふ也と称賛している。

《豊臣秀吉小田原征伐での幸若舞》

天正十八年（1590）年、豊臣秀吉は小田原征伐に出陣、この関東攻めでの長期戦を覚悟していた秀吉は、小田原西郊外に築いた城に側室の淀君を呼び、本阿弥光悦、千利休、幸若大夫を招き、戦いの合間に遊興を催したといわれている。幸若系図に幸若七代弥次郎

誠重は「小田原・関ヶ原・大坂両陣戦等に参加」とある（桃井龍一「清和源氏桃井幸若家系譜」）。

この年、徳川家康は、豊臣秀吉により駿府から関東への国替えをされている。

《豊臣秀吉の命で幸若大夫が作曲》

豊臣秀吉は自分の事蹟を題材にした話に作曲するよう、幸若大夫家（幸若五代小八郎吉信）と能の金春流に命じている。能楽研究家の後藤和也氏によれば太閤能の成立時期を文禄三（1594）年三月以前と比定している。

金春流（太閤能）には五曲（「明智退治」「吉野詣」など）を、幸若家には三曲（「三木」「本能寺」「金配」）の創作を命じた。

『幸若系図之事』に、右四十番之音曲之外、「三木、本能寺、金配之三曲をば関白秀吉公の命によって名人小八郎吉音、并《ならびに》忠右衛門、同弥助、三人相談にて節を付け給ふ者也」とある。幸若小八郎吉音とは、幸若五代小八郎吉信のことで名人呉竹（号呉竹）と呼ばれた（『朝日町誌Ⅰ』P63）。

太閤能の例からみても秀吉が自分の事蹟を舞曲に仕組ませるということはあり得たと思われる。秀吉の金配りは『御湯殿の上の日記』等諸史料によれば、天正十七年五月二十日のことで、『絵本太閤記（巻十）』にはその様子を聚楽第の前、中二町の間に金銀を敷き並べ、目も眩めく中で六宮智仁親王・織田信雄以下の人々に三十七万五千余両の金銀を配ったと描写する。いかにも秀吉らしい話であり、そのお伽衆大村由己も『天正記』中に「金賦之記」としてこの話を書き残した。惜しいことにこの記は散逸して伝わらないが、「金配」の姉妹曲である「三木」「本能寺」がそれぞれ『天正記』の「播磨別所記」「惟仁謀反記」の本文に大きく依処していることからみれば、この曲も「金賦之記」に拠るものであったことは疑いないであろう。

お伽衆大村由己は、「吉野詣」「高野詣」「明智討」等のいわゆる太閤記の作者である。従ってこの太閤舞曲三番も或いは秀吉の命で大村由己が詞章を作り、幸若小八郎以下の者が作曲をしたということも考えられる。ただ『幸若系図之事』等の記述によれば「三木」「本能寺」はその後も幸若家では継承されたようだが、「金配」だけはそうした形跡がない。本文が伝存しないのはそのためであろう。（北川忠彦「舞曲の曲目と分類」P17）

「三木」は、天正八（1580）年の別所長治との戦いを題材にした物語である。「本能寺」は天正十（1582）年の本能寺の変を扱ったもので、曲名を「本応寺」とする舞の本も伝わっている。

○　豊臣秀吉から幸若領として越前国大蔵庄田村内三百石を賜る。

「豊臣秀吉朱印状」（『朝日町誌Ⅰ』P107）

越前国大蔵庄田村内参百石事、被加御扶助畢、全可領知候也、

文禄四（1595）年　九月十五日　（豊臣秀吉朱印）

○　太閤検地で越前の幸若領地の内、小八郎領地加増し三百四十五石の朱印状を発給（「桃井雄三家文書」）。

「豊臣秀吉朱印状」（折紙）（『朝日町誌Ⅰ』P107）

越前国朝日村之内弐百弐拾四石八斗三升・けい（気比）庄内百弐拾石壱斗七升、合三百四拾五石内三百石本知、四拾五石出来半分御加増事、今度以御検知之上相改、令扶助訖、全可領知候也、

慶長三（1598年）

七月廿八日、　（豊臣秀吉朱印）

香（幸）若小八郎（安信）

豊臣秀吉は慶長三（1598）年八月十八日に没しており、死の直前に朱印状を発給した。朝日・気比庄へ三百四十五石を与え、うち三百石が本知（元々の知行所）、残り四十五石を今度の検地により加増するといった内容である。通常検地によって石高を減らすことが多く、加増する事例は少ない。幸若家への信頼や期待の大きさがうかがえる。（『越

前幸若舞を知る100項』P71）

○「豊臣秀吉朱印状」（折紙）（『朝日町誌I』P108）

幸若罷上候間、伝馬四疋城々為番衆可送届候也

七月十六日　（豊臣秀吉朱印）。

14　毛利輝元・秀就と幸若舞

《幸若舞の正本「毛利家本」》

信長をはじめ戦国大名の幸若舞に対する嗜好はよく知られているが、家臣を越前幸若家に派して残らず伝授を受けしめた毛利輝元、秀就のごときはその最も尤なるものであろう。

毛利輝元・秀就父子は、幸若舞を愛好し、天正十七（1589）年から元和四（1618）年の間、輝元・秀就によって輝元の御伽衆の奈良松友嘉の子、善吉と善三郎兄弟に対し主命を以って越前幸若宗家（小八郎家）に弟子入りさせた。派遣された幸坂中大夫兄弟は、舞曲を学び、「幸」の一字を差し許されて、幸若六代小八郎安信正本を長州にもたらし点で、まさに貴重な存在というべきであろう。

正本《しょうほん》とは、本の正当性を示すために大夫が伝授した「舞の本」に奥書したものである。寛文十三（1673）年、善兵衛の孫吉田半左衛門就忠は、君命により正本四十冊を毛利家に献上した（『越前幸若舞を知る100項』P61）。

東京の毛利侯爵家の文庫に幸若の正本がある。毛利宗家に襲蔵される幸若舞曲の伝本は、戦前昭和九年に笹野堅氏が調査報告されたように、すべて四十冊と一巻であって、これらの伝本を『毛利家本』して紹介している。『幸若流舞の本』は昭和五十九（1984）年には山口県の指定文化財となっている。

毛利宗家に伝来された幸若舞曲の正本は、近世初頭、名人を称せられた幸若六代小八郎安信自署の証本十七冊のほか、幸若（五代庄兵衛家少兵衛正利の隠居名）如滴、幸若（七代坂田家）治兵衛光治、幸若（五代）庄兵衛家少兵衛正利、幸若（八代）庄兵衛家庄大夫長明等の奥書の入った幸若の正本である（笹野堅『幸若舞曲集』P348）。これに添えられた文書によって、毛利輝元・秀就の命により家臣幸坂中大夫が数カ年越前の小八郎家に在って相伝されたものであること。幸坂中大夫の没後も、吉田半左衛門が舞いを嗜んでいて、この書物が纏って遺されたと記されている。

成立・伝来共に間然するところのない善本であって、笹野堅氏が、昭和九（1934）年十一月『国語と国文学』誌上において毛利家本の全容を報告され、昭和十八（1943）年十二月『幸若舞曲集』本文において、舞曲十二曲、歌謡二十二曲を翻刻紹介されて以来、研究者の注目を集めて来たゆえんである。（庵逧巌「幸若舞曲「毛利家本」の成立」）

《輝元の御伽衆奈良松友嘉》

元就から隆元を経て五十四代の当主輝元の代になると、その御伽衆の素姓もやや明らかになる。山口県文書館の毛利家文庫所蔵の「諸録」吉田半左衛門忠之家条の冒頭に、「奈良松某　始勘兵衛、後入道友嘉、友嘉以前不分明、母不知、輝元公御伽被召出、寛永六年八月十二日死年齢不知、妻京師住人吉田某女」とあって、奈良松友嘉なる人物が、輝元の御伽衆として召抱えられ、その子孫が続いていることが知られる。

友嘉の曽孫吉田善兵衛忠房は、藩命によって、享保年間に次のように書き上げている。「私倅家之儀、曽祖父奈良松友嘉と申候。根本阿波之三好美継家人、山家勘兵衛と申候。天正之初三好家断絶に付、牢人仕京都罷居候。吉川如券様被掛御目、御口入に而輝元公江御奉公に被召出・・・」。奈良松友嘉こと山家勘兵衛は、もと三好長慶の養嗣長継の家人だったという。三好長慶は天正元（1573）年八月、河内若江城に将軍義昭を擁して、武田・朝倉の諸氏を糾合し、遠く輝元にも援軍を求めて信長に対抗しようとした。同年十一月九日事ならず将軍義昭は堺へ移り、信長の武将佐久間信盛等に攻められて若江城は陥り、三好義継が自刃した。

牢人して京都にいた山家勘兵衛が天正年中慶州に下り、如券吉川広家の知遇を得るにいたったのは、毛利・羽柴間を往復し、将軍義昭とも近かった、この稀代の外交僧の斡旋によるものであったかもしれない。戦国時代の御伽衆としては他国の事情に明るく、経験の豊富な他家の旧臣が迎えられることが多く、奈良松友嘉もその一例と考えられよう。

他国の事情に明るく経験豊富な他家の旧臣である山家勘兵衛は、やがて毛利家に向かい入れられ二百石を知行され御城近く萩片河町に屋敷を拝領されることとなる。(庵逧巌「幸若舞曲「毛利家本」の成立」P12)

《輝元・秀就、越前へ幸若舞修業者派遣》

奈良松友嘉の長子善吉は、吉田某、善吉、勘兵衛、忠太夫、始称奈良松、中称幸坂、後改吉田、母京師住人吉田某女、寛永十四年八月十日死、年齢不知、妻不知、二百石を知行され、御城近く萩片河町に屋敷を拝領し元和七年十二月隠居したあと彼が家督を相続し、元和八年正月忠太夫と名替し、正保年中には幸坂と姓を改め後又吉田と称した。

その弟は、吉田某、善三郎、善兵衛、半左衛門、始称奈良松、中称幸坂、後改吉田、母不知、友嘉二男、分地六拾石、承応三年十一月十三日死、年齢不知、妻無」と「普録」にある。

また、吉田善兵衛忠房の「友嘉嫡子奈良松善吉」の条にも「後幸坂忠大夫、善吉・善三郎兄弟、一節者越前幸若江御付、舞稽古被仰付、幸之字免申ニ付、幸坂ニ被仰付候。」と見える。すなわち、輝元・秀就によって越前幸若家に派遣されたという幸坂中太夫兄弟とは、実は輝元の御伽衆奈良松友嘉の子、善吉・善三郎の両名なることが、明らかになった。

奈良松友嘉の曽孫である吉田善兵衛忠房が藩命を受けて享保年間に書き上げた文章の中に「教示した幸若大夫小八郎は毛利家家臣の奈良松家に「幸」の一字を免許し幸坂家を名乗ることを許している」と書かれている。（庵逧巌「幸若舞曲「毛利家本」の成立」P14）

《長州藩家老等に宛てた幸若家の手紙》

毛利家に襲蔵されている幸若舞曲正本に添えられた古文書中に、幸若六代小八郎安信自筆書状三通がある（『朝日町誌I』P85・86）。宛先は益玄番こと益田元祥、山土州こと山田土佐、および山家友賀入道こと奈良松友嘉の三者であり、日附はすべて五月十八日とあるのみで年次は記されていない。

益田元祥は元就以来の重臣で須佐一万二千石を領する永代家老であり、山田土佐は秀就の家臣である。以上二人は、いわば長州藩の公儀を代表する形で、主命による留学先からの報告挨拶を受けているのに対して、山家友賀は留学生二人の父親である。

内容について注意せられる点は、第一に、益田元祥あて書簡に、「我等家之舞一部之通不残、念を入相伝仕候」とあるように、兄弟に「我等家之一部不残相伝」したことを伝えている。第二には「幸の一字」を免許し、奈良松改め幸坂を名乗ることを許した点である。さらに言えば、山家は三好家の家人であった当初の名乗りであって、毛利家に仕えてからは奈良松を称していたのに、小八郎が山家友賀入道と宛先を記していることは、或は毛利家出仕以前からの旧知かとも疑えなくもない。

益田元祥あて書状は、長州藩の永代家老に対する挨拶状であるから、その趣意は、「長州様より仰せ下され候については、我等家の舞一部通残らず念を入れ相伝仕候」とする報告にあり、その旨を長州様こと藩主毛利長門守秀就に「然るべき様に御取り成し」を依頼している。

家老宛の小八郎親書を閲した輝元・秀就は、免許皆伝成績卓抜の証文として奈良松兄弟に下げ渡すことを命じたのである。

家老益田元祥宛ての書状の冒頭に「去年伏見に於いて山土佐殿、長州様より使者となり御出の刻」とあるが毛利秀就家臣土佐宛の幸若大夫小八郎自筆の書状から見てみると山田土佐がこの前年毛利秀就公の使者として、伏見滞在中の幸若六代小八郎安信の許へ挨拶に出向き家老益田元祥の口上を伝えている。前記益田元祥宛ての幸若小八郎書状にも「それ以来、かの地に逗留仕り候内、参上を以って申し上ぐべしと存じ候処に長門守様早々御帰国成され候」とあるので、小八郎は伏見に滞在していたことが判る。また家老益田元祥も藩主毛利秀就に随従して上洛していたことが判かる。

藩主毛利秀就の上洛は元和三（1617）年に将軍秀忠の上洛、伏見城入りに随従するためであった。毛利輝元は病気の故を以て、二男の日向守就隆が代理として上洛し将軍秀忠に謁している。

毛利輝元は関ヶ原の戦いでは秀頼母子を護って大坂城にあり、開城の結果、元就以来の領地中国八ヶ国を削られ、防長二国に減封されていたのである。それから十七年を経ている。
○　毛利輝元『天正日記』（上洛した時の日記）、天正十六（1588）年七月廿七日巳刻に森勘八殿へ御招請・・・舞有之大職冠一番幸若小八郎舞也幸若に御太刀一腰五百疋同座の衆へ千疋充被遣候也。八月十四日午刻に近江中納言殿へ茶湯に御出候御家顔に舞有幸若舞にて候舞幸若の大夫へ御太刀折紙被遣候。八月廿五日未刻に幸若三（八）郎九郎弟子参候て舞一つし申候。
輝元についていえば、永禄十年吉田郡山城におけるそれはさておいても天正十六（1588）年七月二十七日、上洛して毛利高政邸に招かれ、幸若小八郎の「大職冠」一番の上演を観、太刀一腰、五百疋等を幸若に与えている。これは輝元一個の好尚というよりは当時の戦国大名一般の舞曲に対する嗜好を代表するものと考えられる（庵逧巌「幸若舞曲「毛利家本」の成立」P16—23)。

15　幸若一族を召し抱えた大名たち

徳川将軍家が幸若領として与えた石高（一千百石前後）の一例をみると、

『文政武鑑役職編』　文政八（1825）年〈巻之三〉

幸若音曲

越前丹生郡西田中邑住居

寅卯辰年代り四月参府五月御暇

幸若八郎九郎内蔵丞（十六代直賢）　一番　二百五十石

幸若弥次郎左兵衛（十五代直包）　二番　三百石

幸若小八郎鉄之助（十二代直員）　三番　三百四十石

幸若伊右衛門（十三代カ）　二百石

幸若靭負（十三代五郎右衛門家六郎右衛門安則）　百石

とあるが、徳川幕府に召し抱えられた幸若大夫以外にも、一族の幸若大夫で多くの大名たちに召し抱えられた者も多かっものと思われる。『幸若系図之事』等から幸若家の者に知行または扶持を与えた大名を拾ってみた。

《豊臣秀頼と幸若舞》

○　慶長六（1601）年五月、幸若六代伊右衛門教信は豊臣秀頼卿より二百石を賜わる（『越前幸若舞を知る100項』P203）。

《越前藩主松平忠直・忠昌と幸若舞》

○　元和元（1615）年、幸若六代伊右衛門教信大坂夏の陣後、越前二代藩主松平忠直より越前丹生郡宝泉寺村二百石賜わる（幸若系図）（『越前幸若舞を知る100項』P203）。

○　寛永七（1630）年、幸若七代庄兵衛家長氏の弟幸若七代彦右衛門宗信、越前三代藩主松平忠昌に二百石に被召出御逝去迄御勤仕也（『幸若系図之事』、「清和源氏桃井幸若家系譜」）。

《備中松山藩水谷勝隆と幸若舞》

○　寛永十八（1641）年、備中松山藩主水谷《みずのや》勝隆伊勢守へ風雪老（幸若小八郎安清カ）百五十石に御抱江戸松山にては十二人扶持被下也（『幸若系図之事』）。

○　幸若八代小八郎直林の弟で幸若八代三右衛門（家祖）安成が、六兵衛家とともに百五十石で水谷伊勢守に仕えている（『幸若系図之事』）。

前田家初代利家も幸若大夫に居屋敷を与えている（『越前幸若舞を知る100項』P58）。加賀藩主三代前田利常から扶持を与えられた者に幸若九左衛門・同小四郎がいる。前田利常は「毎夜幸若を聞かねば寝つけず」、「寝所より襖一枚隔てて音曲を申し上げるうちに眠った」という（「微妙公御直言」）。毛利詮益「捨纂名言記」には、夜詰終りて何れも退出したる後、利常の就寝するまでの間に幸若九左衛門舞曲を奏するを常としたりしが、万治元（1658）年十月十一日、例の如く幸若九左衛門がその勤務を了して家に帰りたる後、侯が急に病を発して薨じたる（前田利常十月十二日死去）ことを述べたり。是に因りて観れば、利常はその一生を通じて幸若の愛好者たりしなり（『石川県史』第二編第三章第六節P487）。

『長明書留』には、如滴公（幸若五代少兵衛正利）隠居後一族に音曲を指南した三組二十人の名が記録されているが、その中に加州（加賀国）より音曲稽古の者四・五人とある。

《紀州大納言様（徳川頼宣）と幸若舞》

○　寛永十六（1639）年極月於武州江戸、紀州大納言様へ水野隼人正殿以御取次、（幸若六代庄兵衛家）正信公、（幸若七代庄兵衛家）長氏公被召出三百石江戸詰之節十二人扶持被下置也（笹野堅『幸若舞曲集』P204、『幸若系図之事』）。

○　承応元（1652）年壬辰之春、紀州大納言様（徳川頼宣）より、（幸若六代庄兵衛）正信公、（幸若七代庄兵衛）長氏公之跡目、（幸若八代庄兵衛後橋本）牧元公廿六歳江戸被仰付二百石被下置也（笹野堅『幸若舞曲集』P204、『朝日町誌Ⅰ』P61、『幸若系図之事』）。

○　承応元（1652）年壬辰之春、（幸若六代庄兵衛家）正信公、（幸若七代庄兵衛家）長氏公之御跡目、（幸若八代庄兵衛家長親）牧元公二十六、（弟の）長元十六歳於江戸被仰付二百石被下置也（笹野堅『幸若舞曲集』P204、『幸若系図之事』）。

○　万治三（1660）年庚子二月、（幸若八代庄兵衛家長親の弟）長元公、大納言様（徳川頼宣）御在国にて獨吟の音曲被仰付達者に中候由預御感則元米廿石に定め五人扶持被下置（『朝日町誌Ⅰ』P64、『幸若系図之事』）。

○　幸若七代庄兵衛家長氏には、四人の息子がいた。長兄の長親は紀州徳川家に仕え、寛文七（1667）年に藩主の命で改名し蜂屋家を興した。次男長元も、紀州徳川家に仕えている。三男長明、四男長徳は母方の橋本姓を継いでいる（『越前幸若舞を知る100項』P122）。

《水戸藩と幸若舞》

○　幸若八代八郎九郎義門の娘婿坂田五兵衛の次男、打波六兵衛は、水戸藩百五十石（『幸若系図之事』、「清和源氏桃井幸若家系譜」）。

○　幸若八代九郎左衛門は、水戸藩に百五十石の給禄で仕えた（『幸若系図之事』）。幸若八代八郎九郎義門の娘婿坂田五兵衛の長男九郎左衛門は、幸若五代庄兵衛正利の孫坂田光治の養子となり、幸若八代九郎左衛門となった（「清和源氏桃井幸若家系譜」、『越前幸若舞を知る100項』P128）。

なを、これとは別に九郎左衛門家の子孫である桃井直昭氏が平成十（1998）年に作成した「源氏桃井氏系略譜」がある（『越前幸若舞を知る100項』P155）。

水戸藩が幸若家の者に知行を与えていたことは、水戸藩士の分限帳である寛文九（1669）年の『寛文規式帳』に、幸若（打波）六兵衛（百五十石）、幸若（八代）九郎左衛門（百五十石）の名が見えるところから知られる。幸若八代九郎左衛門は、坂田とも名乗って越前国丹生郡宝泉寺村にその屋敷があったと伝え、天王村の実相時には同家の墓があり、もと近くの竹内家の屋敷内にあったものと伝える（山本吉左右『くつわの音がざめいて』Ｐ１６６）。

寛政三（１７９１）年の「宝泉寺村坂田九郎左衛門屋敷」図があり、また、同八（１７９６）年宝泉寺村宗門改帳には「三百九斗　水戸様御内幸若九郎左衛門殿居屋敷分」という記載がある。水戸家に出仕して扶持を受けていたことがわかる（『朝日町誌・通史編』Ｐ５９９）。

嘉永七（１８５４）年一月、水戸藩主徳川斉昭は、浦賀に入港したペリー提督との折衝のため、幕府海防参与として出陣した。これを知った幸若十五代九郎左衛門（坂田）直好は、夜に日を継いで斉昭のもとに駆けつけた。斉昭は大いに喜び自らの気持ちを色紙に表し刀と戎衣《じゅうい》を直好へ与えている。この色紙は幸若九郎左衛門家に伝わる。

「幸若（十五代九郎左衛門（坂田））直好か歌の返しに／頼み置き其身抛つ真心は／丹生乃郡の名に有し／比登」（斉昭の花押）。

とあり、桐箱には「水戸前中納言斉昭卿　御筆御色紙」、箱の蓋内側に色紙の由来が、

桃井氏此旅異の船浦賀の湊に入来ると聞て公の出立せ給ハバ御供仕り侍らんと夜に日を継て　懸付ぬ、其功しのおのづから上へ聞こえあければいたく愛せ給ひ御手親ら御刀を賜り事あらば物し給へなどと賢き仰言ありて戎衣一具に比御詠一首を賜

り、剰へ丹生郡之参と遊ハし給ふは、実に（幸若十五代九郎左衛門（坂田））直好のみならず門楣の栄えといふへくなむ。

穴賢《あなかしこ》

嘉永七年甲寅五月　弘道館国学西野宣明識（花押）

（箱書）

と書かれている。西野宣明は水戸藩に仕えた国学者で水戸弘道館訓導となった人である。色紙では、直好を「幸若直好」と呼び、武門である桃井姓への復帰を許したことがうかがえる。実際、嘉永七年以後、直好は文書や墓碑などで桃井姓を名乗っている（『越前幸若舞を知る100項』P129）

以上、これらの大名たちは幸若舞を愛好したわけだが、『微妙公御直言』に記された幸若九左衛門、同小四郎にまつわる逸話などを見ると、徳川将軍の場合と同様に、大名たちに対しても幸若家の者は夜の御咄相手としての性格を兼ね持っていたものと思われる。秀頼・忠長は将軍と対立し、忠直は没落したのを考え合わせると、幸若家の者は各地の大名の動静を御咄相手の噂話としてそれとなく報告する役割を無意識のうちに課していたのかも知れず、大名たちも、戦国期の舞々に対するように噂話による他国の情報提供者といった意味もあって、幸若家の者を召し抱えていたのかも知れない（山本吉左右『くつわの音がざざめいて』P167）。

また、幸若八代八郎九郎義門は徳川家康に仕え、ある時箱根に召し出され越前国内目付役を命ぜられる。如何なる使命をもつものかは知らないが、あるいはこうした職域の人達に見る越前家に対する隠密的な役目をもつものかとも考えられる（『朝日町史』P490）。

16　徳川家康（1543―1616）と幸若舞

《舞々は「舞を舞ふ」の意であろう》

『類例略要集』（笹野堅『幸若舞曲集』P59）の幸若御禮参上の条に、次のような記載がある。

在府中御扶持方被下之、御暇銀子被下

桃井播磨守直常末裔　幸若左兵衛家（幸若弥次郎家）

天文十六（1547）未年九月、三州岡崎江被召出賜三十人扶持、初而（徳川家康の父で三河国　岡崎城主松平）広忠君江拝謁、以後度々御用、但舞々と有之、其比舞謡候様処今ハ蕉（無の誤記）之由、次ニ永禄三（1560）年午五月於駿府初而御目見以後度々、天正九巳（1581）年春、濱松城江出仕御禮以後度々御用、右同斷、但高崎員数不定

幸若八郎九郎家

文禄慶長之間（1592―1614）伏見江登城御目見以後度々御用、右同斷、但此之家共ニ分家同時参上

幸若小八郎家

右同断以後同様、此外三十郎、與一右衛門、小左衛門、紀十郎四軒は右三苗の内分高百石ニ而配分故、参上之節、五ケ年目三苗と同時罷出、御扶持方拝領銀子各参別有之、寛政度迄勤番詰合之處、以後五ヵ年目九月参府、正月御暇と相定ニ付、三苗ニ而各番ニ罷出。

この文面について、幸若左兵衛家とあるのは幸若弥次郎家のことである。ちなみに「清和源氏桃井幸若家系譜」の幸若三代弥次郎義重も「左兵衛」を名乗っている。

また、左兵衛家の部分の割注は注目すべきものである「舞々と有之」の舞々は「舞を舞ふ」の意であろう。（この芸能の名称としての舞々もこの意味から生じたものだとするのは柳田国男である）。つぎに「其比舞謡候様処今ハ蕉（無の誤記）之由」の「其比」は天文十六（1547）年の頃と考えられる。「蕉之」の蕉は「無」の誤記であろう。さすれば天文の頃幸若舞は舞々でもあり、舞謡―舞踏と音曲と―を行ったことをみずから認めている（五郷寅之進「幸若舞曲研究の課題（二）」P52）。

天文十六（1547）年家康は、六歳で今川義元の人質となり、駿府へ移る、父松平広忠が天文十八（1549）年死去したため松平家の当主になる。永禄三（1560）年の桶狭間の戦後、岡崎城の徳川家康は織田信長と同盟し、その後三河を治めた家康は元亀元

（1570）年に遠江の浜松城を拠点とする。元亀三（1572）年の武田信玄との三方ケ原の戦いで惨敗するものの武田信玄が病没する。

《神君三州岡崎御在城の時幸若を召す》

『明良帯録』「世職」の幸若音曲の条に、若年寄支配なり、音曲家を俗に舞大夫という、幸若の一流は建武以来、桃井幸若丸桃井播磨守子息也、子孫越前に住して代々一流を立、神君三州岡崎御在城の時、この徒を召て其音曲を賞せられてその一族に家禄を賜る、幸若八郎九郎、同彌次郎、同小八郎以下年番にて江戸に到て其業を勤めたり、越前丹生郡西田中村居住なり。何れも（江戸出府）三番交代なり（笹野堅『幸若舞曲集』P58）。

徳川家康は幸若一門に対し越前の地に幸若領壱千石の扶持を与えており、芸能家の処遇としては非常に高給である。ちなみに、将軍家の御用絵師であった狩野探幽の扶持は、二百石二十人扶持であった。幸若家は舞大夫としての報酬のほか、地主としての収入も得ていたのである（『越前幸若舞を知る100項』P175）。

東京都の「千代田区町名由来板ガイド」によれば、神田司町一丁目（現、内神田2）は蝋燭町に幸若大夫の拝領地があったと記されている。また、寛永年間の江戸図によると旭町（現、内神田3）は、幸若大夫と秋田藩主佐竹義宣の屋敷地であったことがわかる。

《幸若舞「満仲《まんじゅう》」と嫡男信康を思う家康逸話》

天正七（1579）年、織田信長から武田家との内通を疑われた家康は、正室・築山殿を殺害。嫡男徳川信康を切腹させることとなる。

この時、徳川の家老酒井忠次は、安土城に呼び出され、織田信長から「嫌疑十二条」を示されたにもかかわらず弁明することなく、その内の十条を認めてしまう。

これにより家康は、しかたなく二股城主大久保忠世に対して、家康の嫡男信康（岡崎三郎君）の監視を命じ幽閉させることとなる。

天正七（1579）年、岡崎三郎君こと家康嫡男の信康は、自らの無実を改めて強く主張したが、結局、服部正成の介錯にて二十一歳の若さで自刃した（『柏崎物語』記事）。

○『徳川実紀』天正七（1579）年九月十五日

また三郎君御勘当ありし初め大久保忠世に預けられしも、深き恩召ありての事なりしを忠世心得ずやありけん。其後幸若舞「満仲」で、（源）満仲の子美女丸を討と命ぜし時、其家人仲光、我子を伐てこれに替らしめしさまの舞を御覧じ、（大久保）忠世によくこの舞を見よと仰ありし時、（大久保）忠世大に恐懼せしといふ（東照宮三1―44）。

○『東照宮御実紀附録一1―160』には、又幸若の舞御覧ありし時、両人（酒井忠次・大久保忠世）にも見せしめられしに、満仲の曲に、をのが子美女丸をもて、主にかへて首切て進らせしさまを御覧じて、両人に向はせ給ひ、其事となく御落涙し給ひ、両人あの舞はと仰られしかば、両人大に恐怖せり。又或時、三郎殿のかしづき渡辺久左衛門茂に向はせ給ひ、汝等は満仲が舞見ることはかなふまじと仰せられし事も有り。

幸若舞「満仲」での舞では、源満仲が自分の息子である美女丸の殺害を家臣の藤原仲光に命じる。命じられた藤原仲光は主君の心境を察して、我が子幸寿丸の首を斬り落とし、その首を主君の子美女丸の身代りとして、主君源満仲に差し出す。この場面に音曲が差し掛かった時、涙を流しながら幸若舞「満仲」を鑑賞していた徳川家康は、後ろで同席中の酒井忠次と大久保忠世の方を振り返り見て、「おお、二人ともあれを見よ。あれをどう思うぞ」と舞っている幸若大夫の方を指さして言われた。家康のこの言葉に、酒井と大久保の両人は身を震わせて顔を上げられなかったという。

『徳川実紀』では、後年酒井忠次が家康に対し、嫡男家次の所領が少ないことに対する不満を訴え出たところ「お前も我が子が可愛いか」ときつい嫌味を返したという。

○『徳川実紀』に、家康も信康の死をいたく悲しみ、関ヶ原の戦いで信濃の国上田城で真田昌幸・信繁（幸村）父子に手こずって三男秀忠が遅参したときに「三郎（信康）がおればこんな思いをしなくて済んだ」と言ったという。なお、関ヶ原の戦いが起こったのは奇しくも信康の二十一年目の命日であった。

○『常山紀談』本の「岡崎三郎君の御事」に、「又ある時幸若大夫が満仲を舞たりしを御聞有て満仲の舞は大久保は得見まじいと仰せられしかば忠臣も引こもりけり」（『武辺雑談』『東武談叢』「寛元聞書」）

○『徳川実紀』元和元年（1615）一月一日

又幸若の舞い御覧ありし時、両人（酒井忠次、大久保忠世）にも見せしめられしに、満仲の曲にをのが子美女丸をもて主にかへて首切って進らせしさまを御覧じて両人に向かはせ給ひ其事となく御落涙し給ひ両人の舞はと仰せられしかば両人大に恐怖せり、又或時三郎殿のかしづき渡辺久左衛門茂に向はせ給ひ汝等は満仲が舞見ることはかなふまじと仰られし事もあり（東照宮付一1―160）

家康も信康の死をいたく悲しみ「幸若舞」を大久保忠世、酒井忠次と共に見た時、主の為に自分の子の首を差し出す場面を見て落涙した家康が「両者あれを見よ」と言いそれに対し両者が恐縮したという（『武辺雑談』『東武談叢』『寛元聞書』）。

《**幸若舞曲「満仲《まんじゅう》」の一節（概略）**》

それ源の姓を初めて賜わらせ給ひし多田満仲と申し奉る。多田満仲思い立ち給ふ、ある尊き上人の庵室を尋ね、我等如きの衆生等は、どうやって助かり極楽に往生すればよろしいかと尋ね給えば、出家の験には法華経という経の候が。これに親しみ仏道と縁を結び給ふべし在家のまま仏道を願う気持ちさえあれば往生できることは疑いなく候なり。

多田満仲心に思し召す、末の息子を出家させ、我らの後生を弔ってもらおうと思し召し美女御前よ、寺へ上り法華経を学び法師になり我らの後生を弔っておくれと仰せければ出家などいやだと思っていたが背くわけにもいかず中山寺（宝塚市）へのぼらせ給ふ。

美女御前は御経を学ぶ気は全くなく。昼夜天狗のように素早く動き回り、師匠がお説教しようものなら師匠を殴りつける始末、寺一番の乱暴者になりとぞ聞こえける。

多田満仲、今頃はもう美女御前は法華経を暗誦していることであろうと、家臣の藤原仲光を使いに美女御前を呼び下し給う。多田満仲、久しぶりじゃのう美女御前、さて、約束の法華経は覚えただろうな聞かせておくれと仰せけれ、なぜ経を読まぬのじゃと、膝の上の太刀に手をかけ早く読むよう催促、しびれをきらした満仲は、ええい頼りがいの無い奴じゃ、こうしてくれるわと太刀を抜いて斬りかかれば、寺にて習わせ給いたる早業ひらりと飛び退き失せて見え給わず。

怒った多田満仲は、家来の藤原仲光を呼び、汝この太刀にて美女御前の首打って持って参れと命じるが御返事申さず、主人の命に背くとは不忠義者め、ついに辞退はできず太刀を受け自分の宿所へ罷り帰る。あらいたわしや、美女御前も仲光の館に逃げ入り、藤原仲光罷り帰れば。直垂の袖にすがりつき、お前だけが頼りだと泣き給えば、余りの御いたわしさに、さても御父上が数ある侍の中でそれがしにあなた様を討つようにお命じになったのも何かのご縁、それがしが首を討たれようとも御命お助けいたす。藤原仲光は進退窮まって、それがしの息子幸寿丸は、若君と同年、九歳の時から寺へ上らせ今年十五歳にまかりなる。若君の身代わりにしようとこそ思われけれこれを呼び戻すなり、幸寿丸はこの六・七年両親に会っていなかったので恋しく思い喜んで里へ下り父を見つけると、うれしそうに馬から下りて駆け寄る姿、あら無残や、ここまで育てた甲斐もなく、自らの手にかけなくてはならない不憫さよと思えば忍びの涙せきあへず。

藤原仲光が、他でもない主君美女御前が父上多田満仲の仰せに背かれたゆえ、それがしに討てとの命令が下された。若君はそれがしを頼って逃げ込んでこられた、どうして無情にお討ちできようか、面目ないと思うが若君の身代わりになってはくれまいかと思いて呼び下したるぞと言えば、幸寿丸聞いて、にっこりと微笑み、武士の子と生まれたからには主君の御命に替わるべきものと思っており、親の御命に従うことができるとは光栄にて候へ、さあ早く私の首をお召され、そして美女御前を助け参らせ給え。

母上に最後のご挨拶申したく候と言えば、藤原仲光聞いて、何と哀れな事や、急いで母と対面あれ、くれぐれもこのことを母に知らせるでないぞと言えば、その時、幸寿丸腹を立て、情けないこと、未練がましい者とお思いか、ご安心なさいませと、けなげに申しなし母のもとに参上、母御覧じて、久しぶりの対面でさぞ喜ぶであろうと思っていたが、我を見て涙を流すとはどうしたことかと仰せければ、九つの時に寺へ上がった時には真っ黒だった御髪が、今年十五にまかりなり、今は白くなられたので、あとどれ位このようにお目にかかれるのかと悲しく、つい涙を流してしまいましたと偽り申したりければ、母はこれを聞いて疑うはずもなく幸寿丸の親孝行な心を喜び、頼もしく思われける。これがこの世の最期の別れと思われける、幸寿丸の心ぞ哀れなる。

その後父の前に参り、母上に最期のご挨拶心静かに申して候、今はもう思い残す事候はずと敷物の上に座り、髪を高く上げ西に向かって手を合わせ、南無西方極楽世界の阿弥陀仏、大慈大悲の観世音願わくば本願を捨てず我を導き給えと心涼しく見えければ、父太刀を抜き持って、心も消え果てて太刀の打ち処も見も分かず、首は前へぞ落ちにける。

若君（美女御前）の御直垂を申しおろし、直垂の袖に幸寿丸の首を包み、多田満仲の御前に参り、御意背きがたく、いたわしながらも美女御前の御命をいただきました、今はもうご本望をお遂げなされたのですから、お怒りをお解き下さいませ、あら御情けなの我が君の御処置ですこと、言い終わらない内に、首を御前に差し置き、直垂の袖を顔に押し当てて泣き出す。多田満仲も首は汝にとらせるぞ、よくよく供養してやってくれとだけ言うと簾中深く入り給ふ。源満仲の子で寺一番の悪童であった美女丸が、忠臣藤原仲光の子幸寿丸の身代により一念発起し、やがては円覚という高僧になっていくという大変劇的な物語である。（新日本古典文学大系『舞の本』P102）

《高天神城戦場で舞われた幸若舞》

『落穂集、東照宮御付録巻三』天正元亀九（1581）年三月廿一日、高天神城にて幸若与三大夫たかだちを舞う（『朝日町誌Ⅰ』P739）。

家康の元に、城内の武田軍敵将栗田刑部の使いが手紙を持ってきた。「幸若大夫が、御陣中にお供してきていると聞きました。今では城兵の命も今日明日。哀れ願わくば、これを今生の思い出にいたしたく、幸若大夫の舞を一曲所望賜りたい。」と書かれていた。家康は、願い入れに対し「望みどおりに、してやればよい。この様な時には幸若舞の中でも、あわれなる曲を」と、幸若大夫に舞を命じた。敵の城将栗田刑部の丞は、城の櫓に上り、他の城兵全員も塀際に集まった。大篝火がたかれ、城を取り囲む徳川方の兵等も見守った。幸若大夫が出て城の塀近くに寄って行き、幸若舞「高館」が舞われた。幸若舞「高館」とは、藤原泰衡の軍勢に囲まれた源義経、弁慶らがことごとくに討ち死にしていくという壮絶極まりない様子を語る舞曲である。兵等のすすり泣き声が聞こえる中、幸若舞が終了すると、城の中から茜の羽織を着た若武者、敵将の小姓である時田鶴千世が馬に乗って出てきて、紙、織物、指添え等を取り揃えて幸若大夫に渡し、礼を述べた。翌日、全員が城から打って出て、城将等は快く最期を遂げ落城した」。

○『類例略要集』天正九（1581）年春、幸若八郎九郎大夫は浜松城へ仕え出され、以後度々御用家康の面前にて御用と記録されている。

○天正九（1581）年三月、徳川方属城であった高天神城を武田軍から奪い返す戦の時に、幸若八郎九郎大夫は徳川家康に供奉していた。

○『常山紀談』104。栗田刑部、幸若が舞所望の事「附」時田が首実検の事では栗田刑部が幸若舞を所望したこと。〔附記〕「時田の首実検」。には、

徳川家康が高天神城を囲んで棚をつけて堅く守らせた。高天神城の城中は後詰め（敵の背後から攻める軍勢）を要請したが、武田勝頼は出陣しなかった。そして高天神城の兵糧が尽きた。栗田刑部が使者を送って幸若舞を一曲所望し、「これを今生（この世の思い出）としたい」と言った。徳川家康はこれを聞き「風流な事を言うものだ」と感心して、演者に「高館」を舞わせた。栗田刑部は最愛の小姓である時田鶴千世という者に、絹、紙のような物を持たせ出して、幸若舞の演者に贈り与えた。その後高天城が落城したとき、討ち死にした時田鶴千世の首を取ったのだが、「女の首だろう」と人々は疑った。徳川家康は

これを聞いて「目を開いて見ろ。女ならば白眼になっているはずだ（殺されるとき女ならば恐怖で目をそむけるが男はしっかり見つめるという俗信）」と言った。そこで開いて見ると黒眼があった。また幸若忠四郎も高館を舞った時に時田鶴千世の見覚えがあったので、これが時田の首だと確定した。

○「東照宮御実紀附録三1―161」には、天正九（1581）年三月廿一日、（家康公が）高天神の城責められし時、城中（敵将）より幸若與三大夫が御陣中に供奉せしよし聞て、今は城兵の命けふ明日を期しがたし。哀れ願くは大夫が一さし承りて此世の思出にせむといひ出ければ、君にもやさしき者共の願よなとおぼしめし、大夫を召してそが望みにまかすべし、かかる時は哀なる曲こそよけれと宣へば、大夫城際近く進みより「たかだち」をうたひ出たり、城兵みな塀際によりあつまり城将の栗田刑部丞も櫓に昇り一同に身を乗り出し耳を傾け感涙を流してきゝ居たり、さて舞さしければ城中より茜の羽織着たる武者一騎出きて、その頃関東にて佐竹大ほうといふ紙十帖に厚板の織物指添等取そへて大夫に引たり。翌日城兵は一人残らず討死した。

《**幸若舞曲「高館」の一節（概要）**》

信夫の庄司の子に小太郎、生年十八歳になりけるが、好機を窺って一矢射なければと狙う所に、長さ十二束の矢取ってからりと射た。あら無残や武蔵坊弁慶の胸板にはっしと当たる、小兵の射たる矢の悲しさは、矢を矢立に入れずに置いたので反りかえって曲がった矢が、兜の裏側にからりと入って喉笛にぴしっと突き刺さる。さしもに剛なる武蔵坊弁慶も、駒より下へどっと落ちる。

あら無残や西塔の武蔵坊弁慶とて、鬼神のように言われしに、かほどの細矢に当たって、はかなく成らん口惜しさよ。最後にあの奴を切らずば無念で成仏も出来ないと、死んだ振りして近づいた所を切ってくれるわと思い、小太郎それがしの手に懸けて首とって見せ申さんと一目散に近寄ったり。近々と詰め寄せたところで、突然起き上がり、傍の薙刀おっ取って、さらりと薙ぎ切り、股の上部を斬り落とされ、仰向けにひっくり返る所を細首宙に斬り落とし、朱に染まった薙刀を左肩に投げ担いで、駒引き寄せて打ち乗り城の内へ入り、君（源義経）は何処におわします、兼房武蔵の手を引いて御前さして参る。判官（源義経）御覧じて、武蔵坊弁慶の最後に酒を飲ませよ、判官（源義経）取り上げさせ給いて、これは現世と来世の契りを固める杯を差すぞ、給われ。武蔵坊弁慶、余りのかたじけなさに三度戴きたぶたぶと受け、ずんずんと滞りなく飲み干したが、ああ、何と言う事か、喉が切れたる事なれば血に交わりてこの酒が胸板を下りにさらさせと流れけり。武蔵坊弁慶は敵の呼ばわる声音を力とし薙刀にすがってふらふらよろめいて漂う。

判官義経思い続けてかくばかり、

後の世も又後の世も巡り会え染む紫の雲の上まで

（後世でもまたその後の世でも必ず巡り合おう、天人が乗って来る紫雲の上まで行っても）

と詠い、武蔵坊弁慶も承って、返歌とおぼしくてかくばかり、

六道の衢《ちまた》の末に待つぞ君遅れ先立つ習いありとも」

（冥途の分れ道の所で君をお待ちしています、旅立ちに前後があったとしても）

とかように申して、堀に懸る舟橋をがぶがぶと渡しけり、奥州方の軍兵この由見るよりも、あら恐ろしやと言うままに我先にとぞ逃げにける。衣川ざっとおっ越し向かいの岸辺にて、うろうろしている兵を十七八騎切り伏せ、こちらの岸辺に帰らんとしたりしが、しだいに意識が乱れれば、西向きにつっ立って長刀真砂に揺り立てて、光明真言唱えつつ、生年三十八にして衣川の立往生を惜しまぬ者はなかりけり。

奥州方の軍兵この由見るよりも、あら恐ろしや又武蔵坊弁慶が人を切らん謀よ。近こう寄っては叶うまじ、遠矢で射よと言うままに、散々に矢を射掛け続けたりけれ、武蔵坊弁慶に当たるその矢は、蘆《あし》を束ねて槇の板戸を突く風情（多くの矢が当たり矢ふすまになった様子）、元より死したる弁慶にて、その身ちょっとも痛まず、沼栯の庄司この由見るよ

りも、やあ、至って心の剛なる武者は立ちながら死するいわれのあるぞ、誰かある、行き向かって、弓のはずを持って、そっと突いて見よ。

承ると申して、二十騎、三十騎、駆け寄せしけれど、皆怖がって近付けない、臆病なる方々かな、そこ退け、沼楯の庄司が突いてみせんと言うままに、駒の手綱かい繰って馬のひづめの音も高らかにどうどうと進み寄せ、弓のはずをおっ取り延ばし、おづおづかっぱと突いた、本より死したる武蔵坊弁慶で枯れ木を倒す如くにかっぱと転びけり、転びけるその先に、持ちたる薙刀がひらりとするを見るよりも、沼楯の庄司は死したるものと知らずして、又切って掛られると思い肝魂も身に添わず（驚き生きていると勘違いし）駒より下に転び落ち、浮き沈みして流れて、衣川の堰にはまって溺れて死んだりしを、貴賤上下おしなべて、憎まぬ者はなかりけり。（新日本古典文学大系『舞の本』P438）

《家康が堺滞在中に幸若舞鑑賞》

天正十（1582）年五月十九日、安土城惣見寺で開催された織田信長による徳川家康への饗応の席で幸若八郎九郎大夫の舞と梅若大夫の能との競演がなされた。（『信長公記』『宇野主水日記』）

○『徳川実紀』天正十（1582）年五月、君、右府（信長）の居城近江の安土にわたらせたまへば穴山梅雪もしたがひ奉る、右府（信長）おもただしき設ありて幸若の舞申楽など催し饗せられみづからの配膳にて御供の人々にも手づからさかなをひかれたり（東照宮三1―46）。

この時、徳川家康の饗応役を命ぜられた明智光秀は、織田信長から接待の仕方が悪いと折檻され御馳走役を解かれる。翌月には本能寺の変となる。

同年六月一日、織田信長が備中高松城包囲中の豊臣秀吉を救援しようとして本能寺に宿泊、このとき前太政大臣の近衛前久《さきひさ》他、公家衆から入京の賀をお受けに成られた返礼にと茶会を催した。信長公は、近衛前久父子、九条兼孝、一条内基、二条昭実、鷹司信房、今出川晴季、徳大寺公維ら四十一人の公家、京の五山などの寺社の代表、京を代表する商人等五十人以上を本能寺に招き、大茶会を開いた。（『宇野主水日記』）

○　天正十（1582）年五月十五日に、徳川家康は安土城御礼訪問、五月十九日安土城での宴会で幸若舞鑑賞などの接待をした織田信長の「このたびは、京都・大坂・奈良・堺をごゆっくり見学なさるがよい」との御上意があり、案内者として長谷川竹（秀一）と西尾吉次が添えられた。また、「織田七兵衛信澄・惟住五郎左衛門の両名は、大阪で家康公をおもてなしせよ」と命ぜられた。五月二十一日安土城から徳川家康一行（本多忠勝・酒井忠次・井伊直政・榊原康政・石川数正・服部正成・穴山梅雪ら重臣・小姓の

34人）と織田信長の嫡男信忠が上洛（京に入る）。五月二十七日織田信忠が安土城の森乱丸あてに「我々は堺見物をやめて一両日に（信長の）ご上洛（京に入る）とのことで、ここでお待ち申す（『信長公記』）。尚、家康は大坂・堺へ下ります。」と手紙で伝える（「小畠文書」）。五月二十八日、家康は大阪に入り、織田信澄・丹羽長秀の接待を受ける。（『信長公記』）

堺の千利休は「信忠殿が堺へ来られなくなったので堺衆は力を落とし、茶湯も無駄になり返す返すも残念である。信長は明日上洛（京に入る）する」と弟子少庵に対して伝えている。

『宇野主水日記』五月二十九日の条に、「徳川堺見物として入津」とあり、家康一行が船で海路をとって大坂から堺の湊に入る。長崎と並んで日本屈指の大貿易都市の堺では、室町期以来、町の世話役たちの合議によって市政が行われていたが、永禄十一（1568）年、織田信長が上洛した時に、堺の商人に二万貫の矢銭を支払うよう要求した。矢銭とは将兵の乱妨狼藉を逃れるため、寺社などが大名に支払うもので、矢銭を受け取った大名は乱妨禁止の制札を出した。堺の商人は周辺の防備を固めて抵抗しようとしたが、遂に信長に矢銭二万貫を支払い、松井友閑を堺代官（1575—1586）に迎えた。信長はここに代官を置き経済利潤を吸い上げ、有史以来初めて堺を支配した。

松井友閑とは、宮内卿法印（正四位下）の官位を当時授かっており、信長主催の茶会では茶頭を務めたほどの人物で、天正三（1575）年には織田信長の側近として堺の代官に、信長死後も豊臣秀吉から堺の代官に天正十四（1586）年まで任用されている。松井友閑は祐筆（秘書）から累進した信長の信頼厚い優秀な吏僚で、正四位下宮内卿法印という家康よりも高い官位を持ち、茶道に明るく、また人当たりが柔らかい人物であったので、特に見込まれ堺の代官と言う重要な役割を与えられ、また信長側近として堺と私邸のある安土城を頻繁に往復しながら機内一帯の政務を掌握していた。この時友閑は家康一行の為に堺を中心に集結中だった四国征伐軍をわざわざ町から移動させるほどの気の配りようで（『宇野主水日記』）、家康たちを下にも置かずにもてなした。友閑は堺土産として家康に欧州や東南アジアの珍品を贈ったという。

また、松井友閑が堺商人たちに事前に次々と持ち回りで家康一行を接待せよということを命じていたとおり、津田宗及らが順番に接待役を務めた。今井宗久は家康から服を贈られ、お礼に六月三日に私宅茶会への案内をする（『今井宗久茶湯日記』）。

晩は、家康一行はこの日の宿泊所となる松井友閑の代官屋敷で歓待された。紀州の鷺森《さぎのもり》御坊にいる本願寺顕如・如春夫妻からも贈り物が届けられ、振る舞いの座敷で家康に披露された。本願寺顕如は、織田信長との敵対関係で、武田、浅井、朝倉各氏などの同盟者と連絡をとり、毛利氏の援助を受けて十年の戦（石山合戦）を継続していたが、天正八（1580）年に天皇の仲介により和睦、紀伊国（和歌山県）鷺森に退去していた。

堺は京と並んで富商、豪商が多く茶の湯の中心地であり接待の多い場所であり、信長に仕えている茶人だけでも津田宗及、今井宗久、千宗易（利休）、長谷川宗仁、山上宗二らがおり、他にも町衆で有力な者たちが家康との親交を持ちたがったが、すでにびっしり予定が組まれてしまっていた。鉄砲火薬を扱う商人で茶人の薬屋宗久こと今井宗久と、中国貿易に従事する堺の豪商で茶人の天王寺屋宗及こと津田宗及と、信長の家臣で茶人の松井友閑の三人が、徳川家康の接待に当たった。

○（この年の五月は、二十九日が末日）六月一日（本能寺の変前日）

『宗及他会記』・『宇野主水日記』天正十（1582）年六月一日、朝（は）宗久にて茶湯朝会、昼宗牛（及）にて同断（茶湯）、晩は宮内法印にて茶湯。その後、幸若大夫に舞を舞わせ候酒宴之有。

意訳「朝は今井宗久にて茶湯朝会、昼は津田宗牛（天王寺屋宗及）にて同断、晩は宮内法印（堺奉行松井友閑）にて茶湯。其後宴会が開かれ、幸若大夫に舞を舞わせ宴会が開かれた」。

朝はまず今井宗久の屋敷で「茶湯朝会」が行われ、家康・穴山梅雪と長谷川秀一が参加し、昼は天王寺屋宗久（津田宗久）邸で茶湯があった。家康・梅雪・長谷川秀一が招かれた。茶湯を振る舞った後宴会になり、その半ばで家康が宗久の接待への謝礼の為、宗久の息子である隼人に糟毛《かすけ》の馬を贈っている。夜は前夜に続いて友閑邸で茶湯が行われ、そのあと宴会があり幸若舞を鑑賞する。この場に長谷川秀一と信忠より案内役として付けられた杉原家次も同席した。その夜家康一行は堺市中の寺院に宿泊（『宇野主水日記』）。

徳川家康の宿泊寺は堺の妙国寺と思われる。この「妙国寺」のソテツは古くから堺の名木の一つとして知られ、先に織田信長がこの木を安土城に移植したところ、毎夜「堺へ帰ろう」と泣いたため、ソテツに霊があるのであろうと妙國寺に返したという伝説をもっている。

○　翌六月二日未明、

明智の一軍が京に侵入し、織田信長公は京都本能寺にて明智光秀に襲われ自刃。

その朝、毛利討伐出陣前の信長への挨拶の為家康一行が本能寺に向け堺を出発。徳川家康公・穴山梅雪・長谷川竹の一行は、和泉の堺で信長公御父子御自害のことを知り取る物も取りあえず宇治田原越えで立ち退いたのであるが、途中一揆に出合い、穴山梅雪は殺害され、徳川公・長谷川竹は、桑名から船にお乗りになって、無事熱田の港へお着きになった。（『信長公記』）

○　天正十三（1585）年、徳川家康（四十四歳）は駿府に築城し、翌年浜松城を出て駿府城に入城する。

○　天正十八（1590）年、徳川家康は、小田原征伐に参加。豊臣秀吉の命により関東に移封され、正式に江戸城に入城。

《貴族山科言経と徳川家康》

貴族の山科言経《やましなときつね》が残した『言経卿記』には徳川家康のことがよく書かれている。家康が天正十九（1591）年三月扶持したことから、山科言経は家康の所に通い「雑談」し、政治や戦とは関係ない、家康の日常の姿が度々垣間見られる。

○　山科言経日記『言経卿記』天正廿（1592）年三月五日
江戸大納言（家康）殿へ罷向了・・・夕飡已後幸若三人参了舞新曲夜討曽我等有之戌刻（午後八時ごろ）に歸了。

○　『言経卿記』文禄二（1593）年九月六日
江戸亜相（家康）へ罷向了、少間帰宅了、又罷向、夕食有之、種々雑談、入魂之事也。

意訳「家康の所に行った。少ししてから帰宅し、また（家康の所に）行き、夕食を貰った。色々なことを話した。（家康とは）親しく付き合うことになった」。

○『言経卿記』文禄三（1594）年十月大廿九日

江戸亜相（家康）へ冷同道罷向対顔了、碁・将棋有之、見物了、舞之太夫高（幸）若一、以上五人来了、舞二番（イフキヲロシ、カマタリ）等有之、聞了、次夕食有之、相伴衆三十四人有之、酉下刻ニ帰宅了。

○『言経卿記』慶長二（1597）年正月十五日

次黄門（秀忠）へ罷向了、内府（家康）へ御出也云々、次内府へ罷向了、対顔了、カウ（幸）若舞有之、半ニ罷向、タイナイサガシ也、次常ノ座敷ニテ暫雑談了、次薪ノ間ニテ鶴ノ料理、内府自身之拵也、相伴衆、内府・同黄門・予・冷泉・冨田左近将監（知信）其外大勢有之。

意訳「正月十五日、次に秀忠の所へ行った。だが家康の所に行ったと言われたので次に家康の所に向い行ってみると幸若舞が行われていた。舞の演目は「胎内探（幸若舞「静」）」で半分進んだところであった。次の常の間で暫く色々話した。次に薪の間で鶴の料理が出た。

家康が自ら用意した。鶴の料理を共にしたのは、家康・秀忠・私（言経）・冷泉為満・富田知信その他大勢であった」。

正月十五日、山科言経は冷泉為満とともに伏見へ向かう。家康はここでもまた幸若舞を見ている。家康は好きな幸若舞を何度も楽しんでいる。正月で客人も多く来ているから、張り切って鶴の料理でもてなしている。

○『言経卿記』慶長五年（１６００）年（関ケ原の戦いの年）九月十八日に家康が近江にまで来ていると聞いていたからか、廿日に大津城に着いた家康の所に冷泉為満と山科言緒が出向いている。そして、廿四日には秀忠が伏見へ来る。家康は大坂へ向かった。

○『言経卿記』慶長五年（１６００）年十月大七日

登城、予・冷・倉部等也、不対顔了。

当たり前だが、この当時の家康は忙しい。言経等は何度も会いに行くが「不対顔」が続き、六日にようやく一度会える。翌日もまた登城して空振りしている。

○『言経卿記』慶長五年（１６００）年十一月大十三日に大坂に向かい、（山科）言経は饅頭、（冷泉）為満は蜜柑を家康に進上している。家康の家来村越直吉に鯛二ツを渡して二百石の知行地（稲垂村）の「折帋＝保証書」を出してもらっている。

（山科）言経はその日のうちに京に帰ったが、（冷泉）為満は翌日も家康の所に行って幸若舞を見ている。こうも続くということは、家康の「幸若舞好き」がみてとれる。

○『言経卿記』慶長五年（１６００）年十一月大十四日

甲寅、天晴、内府（家康）へ冷同道罷向了、雑談了、次カウ（幸）若九人同被罷向了、

舞有之、アタカ（安宅）・カゲキヨ（景清）・十番切等有之、次奥之座敷ニテ種々雑談了、草子共・手本共等御見せ有之・次夕食相伴了、戌（戌）下刻ニ帰宅了（市古貞次「幸若舞・曲舞年表稿」）。

○加藤正次書状（折紙）が残されている（『朝日町誌Ⅰ』Ｐ91）。

尚々小八郎殿御知行行無相違御渡可被成候、何之代官所ニ御座候共、自御両所可被仰遣候、以上

急度中入候　仍幸若小八郎殿知行無相違御渡可被成候、所々儀者小八郎殿□断可有御座候、恐々謹言

加藤喜左衛門

（慶長三（1598）年カ）

十一月十七日　　正次（花押）

林伝右衛門殿

権田小三郎殿

進之候

加藤正次とは、最初は竹本氏を称して織田信長に仕えたが、永禄十一（1568）年、伯父加藤利正が徳川家康に仕えていた事からその縁を頼って転仕し、苗字も加藤氏と改め

る。

姉川の戦い・三方ヶ原の戦い・長篠の戦い、小牧・長久手の戦い、小田原征伐に従軍。天正十八（1590）年武蔵比企郡・上総望陀郡に二千石を与えられた。慶長五（1600）年、関ヶ原の戦いでは使番を務める。戦後は京都所司代奥平信昌属下として京都を警固し、同年の家康上洛に供奉している。

《藤堂高虎邸武器を持って防御に当たる幸若太夫》

『丹生郡人物誌』に、幸若八代八郎九郎義門は慶長三（1598）年、家康が伏見に移ると義門も随行したが、（慶長三（1598）年豊臣秀吉は朝鮮征伐途中で亡くなる）大坂にいた豊臣秀吉の遺臣五奉行等がきて家康を殺そうとしたので、義門は昼夜おこたらずこれが防禦についた（『丹生郡人物誌』P186、『朝日町史』P490）。

○『言経卿記』慶長三（1598）年十二月廿四日

伏見へ罷向了・・・東鏡読之、次舞満仲一番有之、幸若也（市古貞次「増補幸若舞・曲舞年表稿」）。

徳川家康は、豊臣政権の「五大老」の一人として大坂あるいは、秀吉の遺言により伏見に居ることが多く、江戸城の秀忠に関東の支配を任せていた。幸若八郎九郎、幸若小八郎、幸若弥次郎の三人の大夫は、徳川家康に随行して山城国伏見に滞在していた。

豊臣家臣団は、朝鮮出兵で奮闘しながら冷遇されてきた藤堂高虎等武断派と国内で行政に当たった石田三成等文治派とに分裂し、藤堂高虎は徳川家康に接近する。
○　慶長三（１５９８）年、幸若七代弥次郎誠重、山城国伏見中ノ島藤堂高虎の館で再び家康に謁した、この年、石田光成等五奉行が同館に押し寄せて家康を討とうとしたので幸若七代弥次郎誠重は年来の忠勤をつくすのはこのときと直ちに武器を取って同館に駆けつけた。同輩の全阿弥がこのことをつぶさに家康に告げたので家康は大いに喜んだ（『朝日町史』Ｐ４９０）。
○　慶長三（１５９８）年、幸若八代八郎九郎義門、家康が伏見に移ると幸若八代八郎九郎義門も随行したが大坂にいた豊臣秀吉の遺臣五奉行等がきて家康を襲撃しようとしたので、幸若八代八郎九郎義門は昼夜おこたらずこれが防禦につくした。幸若八代八郎九郎義門はこの功により鑓一本を賞与せられたが、同五年さらに食禄二百三十石を恩賞せられた（『朝日町史』Ｐ４９０）。
慶長四（１５９９）年三月、徳川家康（五十八歳）が病気の前田利家を大坂邸に見舞う為に出向いた際、石田三成等が徳川家康を襲撃するとの噂があり、徳川家康は信頼する藤堂高虎に万事を任せることにした。

山城国伏見中ノ島にある藤堂高虎の館に押し寄せてきたと聞きつけた幸若八郎九郎、幸若小八郎、幸若弥次郎の幸若大夫三人は直ちに武器を手に取り、高虎の館に駆けつけ防御に当たる（山田秋甫『丹生郡人物誌』幸若（七代弥次郎）誠重欄）。

藤堂高虎邸は厳重に警護され、それを知った石田三成等は襲撃を諦めた。

《関ヶ原の戦の年の幸若舞》

○　慶長五（1600）年の関ヶ原の戦いが済んでの事である。

徳川家康は、関ヶ原の戦いで秀忠が遅参した折に嫡男信康（岡崎三郎君）の死を痛く悲しんだことを思い出し、「信康が生きていればこんな思いをしなくて済んだものを」と周辺に漏らした。関ヶ原の戦が起こった九月十五日は、奇しくも信康の二十一年目の命日である（『武辺雑談』『東武談叢』『寛元聞書』記事）。

○　慶長五（1600）年十一月、幸若七代弥次郎誠重は、徳川家康より召し出され音曲役仰せ付けられ相勤め知行三百石を賜る。幸若八代八郎九郎義門には知行二百三十石交付され、ある時、箱根に召し出され、越前国内の目付役を命じられる。かつ国吉銘刀と黒印を拝領した（『朝日町史』P490・572）。

○　徳川家康の二男で秀吉に人質として出された結城秀康は、関ヶ原戦の後、越前六十八万石のほか、若狭・信濃の内を合わせて北庄城七十五万石に封じられ、慶長六年（1601）五月封地に入った（『国史大辞典』）。同年九月廿九日、幸若六代小八郎安信は「結城秀康黒印状（折紙）」知行三百四十五石を下賜される（『朝日町誌Ⅰ』P108）。

○『言経卿記』慶長七（1602）年三月廿八日

同（家康）御内本多上野介ヨリ暮々使者二人来了、勧酒了、カウ（幸）若舞五人来了接待一番舞了大小名大勢有之。

《徳川幕府を開いた時の幸若舞》

慶長八（1603）年に徳川家康（六十二歳）は征夷大将軍となり徳川幕府を開く。家康の参内のために三月も山科言経は忙しい。家康は参内が終わった後、二条城で能を上演させている（『言経卿記』）。秀吉が能をよく楽み参内の後の能は恒例化していた。

○『慶長日件録』慶長九（1604）年五月一日

幸若舞聴聞令（五郷寅之進「幸若舞曲研究の課題（一）」P8）。

○慶長十（1605）年、徳川家康は将軍（征夷大将軍）の座を息子秀忠にゆずる。

○『角川日本地名大辞典、越前編』慶長十（1605）年幸若大夫は徳川家康に召し出され「幕府音曲役」を仰せつけられる。

○『言経卿記』慶長十（1605）年十月二日
女院（後陽成天皇の生母、勧修寺家出身晴子、新上東門院カ）より、明日舞こうわか舞参候間可参候由廻文有之（市古貞次「幸若舞・曲舞年表稿」）。

○『言経卿記』慶長十（1605）年十月四日
女院へ舞各々参了予早出了（市古貞次「幸若舞・舞曲年表稿」）。

○『慶長日件録』慶長十（1605）年十月四日
女院参、香（幸）若大夫舞有之、入夜退出。（市古貞次「幸若舞・舞曲年表稿」）

○公家西洞院時慶『時慶卿記』慶長十（1605）年十月四日
女院御所に舞あり、香（幸）若が子、兄弟十四歳と十歳と奇妙《めずらしい》也、露払いと後祝言、夢大庭が合る事あり、中は八島・鞍馬出・勧進帳・腰越・土佐正尊（堀川夜討）以上巳刻初末に果、少納言局にて各食あり（市古貞次「幸若舞・曲舞年表稿」）。

○慶長十一（1606）年七月駿府城完成、（1607）家康伏見より移り、大御所として政治の実権を握る。

《幸若大夫の従者が越前への逃亡事件を起こす》

慶長十二（１６０７）年、家康が伏見より駿府城に移り隠居し大御所政治が始まる。幸若八代八郎九郎義門と幸若九代八郎九郎義正の親子は、駿府の徳川家康の元に伺候した。

幸若九代八郎九郎義正は、慶長五（１６００）年十一月に召し出され音曲役儀仰せ付けられ相勤める。義正は「壮年の時、相撲を好むに強力勇長六尺余有候也」の人であった。身長六尺余角力（相撲）を好み、悪馬走飛するとき馬の諸膞取って、ひきすえたり、家来が口論の時、敵する者を雪上につかんで打つなど武勇の所行あり。（「清和源氏桃井幸若家系譜」、服部幸造「幸若大夫の来歴」Ｐ４８０）

この時、大御所の御意に入って長勤となっていた。幸若八郎九郎大夫が越前から召し連れた槍持等四人が、余りの長勤に耐えられず、家族の待つ越前に逃げ帰ってしまった。これを聞いた家康は本多上野介に命じ、越前城主の結城秀康の家臣本多伊豆守ら三人を召し取りの為、派遣した。越前に逃走した四人全員が捕まったが、幸若大夫は家康へ彼らの助命を乞い、子々孫々に至るまで彼らへの永代の証文をとり、彼らを譜代（永代下僕（奉公））としている（『越前幸若舞を知る１００項』Ｐ71）。

この時長勤となり、召し連れた四人の家僕は堪えられず、越前の西田中村に逃げ帰った。このことが上聞に達し、その命で越前城主結城（松平）秀康の家臣たちが西田中村（幸若領）に行き、この四人を召し取った。この四人は槍持ちの甚助、若党または下人の與兵衛・太兵衛・彦右衛門であったが、義正はこの四人を乞い請け「子々孫々ニ至テ永代ノ證文ヲ取譜代ニ相定」めたという。農民としての身分を剥奪して、世襲的に主家の労務雑役に従事する終の奉公人としたのである。幸若家にこのようなことができたのは、その背景に家康の権力がひかえていたからである。もっとも幕府は元和二（1616）年には人身売買とともに永代奉公を禁じ、年季を限ことを命じたから後には譜代下人はなくなったとしても、江戸時代初頭にはこういうこともあり得るものと思われる（山本吉左右『くつわの音がざざめいて』P175）。

○『駿府記』慶長十六（1611）年十二月十二日
今夜幸若弥次郎大夫被召出有舞曲（市古貞次「増補幸若舞・曲舞年表稿」P196）。

○『駿府記』慶長十七（1612）年七月十八日
幸若大夫賜御暇、帰越前、銀三十枚下賜之。

○『木下延俊長日記　慶長十八年日次記』慶長十八（1613）年正月十二日
夜ルノ五ツ時ニ御もどり、あなたにて色々御ちそう、こうわか八郎九郎まい仕候、まんしやう（満仲）ヲまひ申候（市古貞次「中世文学年表」）。

『慶長十八年日次記』とは、豊臣秀吉の正室ねね（北政所）の甥にあたる豊後日出藩主木下延俊の、慶長十八年の一年間の行状を記した日記である。

○『駿府記』慶長十八（1613）年五月六日

「幸若八郎九郎大夫召御前舞曲有之。家康公を始め廣橋大納言、西園寺同中将、松木・滋野井少納言等の所望により祝一口、および大職冠・入鹿等を舞う。（市古貞次「増補幸若舞・曲舞年表稿」）

○公家西洞院時慶『時慶卿記』慶長十八（1613）年五月六日

香（幸）若舞曲所望初祝一口又大職冠ノ端計ニテ止之入鹿御所望ニテ舞一番（五郷寅之進「幸若舞曲研究の課題（一）」P8）。

○『駿府記』慶長十九（1614）年四月朔日

幸若有舞曲云々（市古貞次「増補幸若舞・曲舞年表稿」）。

○『駿府記』慶長十九（1614）年六月朔日

辰半時出御・・・早朝・・・幸若大夫舞曲、高館・伊吹落（市古貞次「幸若舞・舞曲年表稿」）。

○『徳川実紀』慶長十九（1614）年六月一日

また幸若舞御覧あり（五郷寅之進「幸若舞曲研究の課題（二）」P55）。

○『駿府記』慶長十九（1614）年六月五日

○幸若大夫舞曲築嶋云々（「金澤古蹟巻廿六」Ｐ39）。

○『駿府記』慶長十九（1614）年六月十一日

幸若大夫舞曲伏見常盤云々（「金澤古蹟巻廿六」Ｐ39）。

○『駿府記』慶長十九（1614）年七月十日

今日有幸若舞曲静則御暇被下銀三十枚御服等拝領之云々（五郷寅之進「幸若舞曲研究の課題（一）」Ｐ8」）。

○『駿府記』慶長十九（1614）年九月十日

今日幸若舞曲、静（市古貞次「増補幸若舞・曲舞年表稿」）。

○『駿府記』慶長十九（1614）年九月十五日

今日幸若小八郎従江戸参府於御前舞曲、烏帽子折云々（市古貞次「増補幸若舞・曲舞年表稿」）。

○『駿府記』慶長十九（1614）年九月十八日

今日遠州可睡宗珊出御前、曹洞宗仏法御雑譚、其後幸若舞曲信田云々（市古貞次「増補幸若舞・曲舞年表稿」）。

○『駿府記』慶長十九（1614）年九月廿日

幸若舞大夫小八郎舞曲文覚（市古貞次「増補幸若舞・曲舞年表稿」）。

《幸若舞「堀河夜討」三人の法師武者の逸話》

慶長十九（1614）年十月十一日、家康は軍勢を率いて駿府を出発。豊臣家との戦「大坂冬の陣」が始まる。徳川家康七十三歳が大坂城攻めした時の出来事である。

将兵の疲れを心配した家康は、大坂までの行軍の途中までは「全員に具足を付けさせるな」と命じていたが、将兵らの行軍が大坂に近づいたところで全員に具足の着用を命じた。その時、陣中に供していた金地院崇伝ら二人の僧と、丸坊主頭の儒学者林羅山までもが人並みに鎧を着て徳川家康の前に現れた。これを見た家康はふと思い出し突然笑い出した、幸若舞「堀川夜討」の曲の中に「我らが手に三人の法師武者がある」との一節を思い出したのである。そして「我が陣にも三人の法師武者ありだな！」と、おおいに笑ったということが『徳川実紀』の中に記録されている。

○「東照宮御実紀附録一四　1―258」には、元和二（1616）年一月一日、案に、幸若大夫が家伝には、君常に幸若歌曲をすかせられ、この御陣にも大夫をめし連られしが、この三人の円頂の徒が物具せしを御覧じて、幸若曲の堀河夜討に「我等が手に三人の法師武者がある」といふを、ふとおぼしめし合わされて、此御詞は仰出されしなりといへり。さもあるべし。

幸若舞の一節「我らが手に三人の法師武者がある」の言葉に家康の陣の者たちも大いに

笑いに包まれたという『徳川実紀』。

《幸若舞「堀川夜討」の曲の一節（概略）》

源頼朝聞し召されて、源義経の討手を土佐正尊に仰せ付けられ、主だった兵士八十三騎揃え鎌倉を忍び出で、熊野道者の白の狩衣を着せ、二十日には都入りとぞ聞こえける。長旅で爪を痛めている馬の足を冷やしてやれ。その頃、義経の忠臣伊勢の三郎義盛は清水詣に出掛けていた途上、河原面を見渡せば、餌を十分に与えられた立派な馬の足を冷やしける。伊勢の三郎義盛これを見て、都にては源義経様の御内にもこれ程よい馬を持つものは居ない、東国方の大名の上洛にて有り気なや問うてみなければと思い立ち寄り、馬の世話を任された舎人の側に立ち寄りて、先ず乗りたる馬をぞ誉めにける。馬の爪や髪の切り様は鎌倉風であるな、素晴らしい御馬候や、これほど多くの御馬の中に売ってもらえる馬は有りますかとぞ申しける。舎人この由聞くよりも、貴方は如何なる人なれば訳の分らぬ事を言う怪しいとぞ咎めける、馬の足に針を打って悪い血を出し治療する御馬なんぞや居りませんか、馬の持ち主に御取次ぎくださいとぞ申しける。舎人この由聞くよりも、明後日の暮れるころに大仕事に遭わん御馬で候へ、裾の血も出すべし宿を尋ねておいであれ、五条油の小路にて土佐正尊殿の御宿と尋ねて御入り候へと答える。土佐正尊殿と申すは法師の御名候か俗の御名にてましますかと問うと、舎人が聞いて打ち笑い。今日この頃、関東に鎌倉殿の御内なる「伊法法師・きほう法師・土佐坊とて三人の法師武者有り」とは国に隠れもなし、知らぬは異国人かなとて、からからとぞ笑いける。鎌倉殿（源頼朝）の御身に当てて討つべき御敵候よ、伊勢の三郎義盛共に念仏し、さては源義経殿の御事かと聞きすましつつ堀川の源義経の御所へぞ参りける。（新日本古典文学大系『舞の本』P349）

○『駿府記』元和元（1615）年七月五日

幸若弥次郎、同八郎（八郎九郎）、同小八郎舞曲被仰付、「烏帽子折」弥次郎、「和田宴」八郎九郎、「俊覚」小八郎（市古貞次「増補幸若舞・曲舞年表稿」）。

○『言経卿記』元和元（1615）年七月五日

前大樹へ罷出コウワカ舞アリ烏帽子折和田酒盛俊クワン三番也公家衆ハ広橋大納言三条大納言・・・予等也。

○『徳川実紀』元和二（1616）年一月一日

文武の道御教導ありしはいふもさらなり。小枝曲芸の末までも棄させ給はず。四座の大夫あるは狂言師なども、工妙の名を得し者はこと〴〵く召て、其業せしめて御覧あり。本願寺の内に下間少進といへるも、申楽に達せしとて召よばれし事もしば〳〵あり。もとより申楽をこのませ給ひ、駿城にては月ごと度々興行ありしことも、御みづからの娯観にのみし給はず、公達を饗せらるゝか、さらずは諸大名御家人等を、慰労せらるため に催されしゆへ、いつも諸人に陪観せしめられしなり。この外も越前に幸若大夫、また は平家かたる琵琶法師、あるは囲碁所本因坊、算砂、将棋よくする宗桂などに至るまで、 すこしも名高き者はめして御覧あり。（東照宮付　二五　1—378）（『朝日町誌Ⅰ』 P770）

○　元和二（1616）年徳川家康は七十五歳でこの世を去った。

《名人小八郎と家康公・秀忠公御前宣》

『丹生郡人物誌』幸若六代小八郎安信蘭には、「ある年、家康八十八夜の間夜も懈怠なく 熱心に幸若音曲を稽古したが、ある日、家康が（小八郎）安信にいうのには

「小八郎の音曲を一方に据え置くならばたとえ天下の諸芸者を駆逐させてもおそら く敵し得るものはあるまい」

と益々これを愛重して止まず度々扇子を与えられ、かつ馬・クック鞍・アブミ等の恩賞が あった（『丹生郡人物誌』P187、『朝日町史』P491）。

『幸若系図之事』には、「家康公秀忠公御前宣、殊更秀忠公には音曲御稽古被遊て、小八 郎堪能音曲には叶せられかたきとて、余りの御信仰に、

天下の音曲わざをかたがたにいたしても小八郎には及間敷
との上意に付て「名人小八郎」と天下に家名を顕し給ふ事、誠に冥加之至、絶言語次第也」
（庵逧巌「幸若舞曲「毛利家本」の成立」P17）。

17　徳川二代将軍秀忠と幸若舞

『幸若系図之事』には、将軍秀忠公、（幸若六代小八郎）安信音曲甚御賞翫之上、御稽古被遊天下之音曲わさにくらへても、猶上有間敷との仰により、二代名人號を得給ふ。此時分は甥（幸若六代庄兵衛家）少兵衛正信・彌助之子喜之助三信、脇・つれ三人にて被相勤者也（笹野堅『幸若舞曲集』Ｐ２０２、『朝日町誌Ⅰ』Ｐ63）。

《幸若家は人格的に将軍と親密な関係》

天和三（１６８３）年三月、幕府が幸若家の帯刀を禁じたのに対して書かれた「願書草案」（笹野堅『幸若舞曲集』Ｐ59）には、二代将軍秀忠（台徳院）が「同名三人（幸若八郎九郎・同弥次郎・同小八郎）ともニ御夜詰被仰付毎度御前江被召出御咄被仰付」れた由が見える。他の幸若家系図や由緒書にも同様のことが見える。『台徳院実記』で見ると将軍の幸若御覧の大部分が猿楽とは違って夜に行われていることや、『指掌録』に「幸若白也俗名小八郎（幸若六代小八郎安信）と申者、台徳院様（秀忠）御代御咄シ相手ニ而御側近ク被召仕候」とあり、三代将軍家光も幸若七代小八郎安林（虚白）を寵遇し、新たに百石の知行を加増していることなどから考えると、この願書草案の記事は事実であったと思われる。

すなわち秀忠・家光の時代の幸若家は音曲をもって将軍に仕えていたのだが、同時に御咄相手としての性格も兼ねそなえていたのである。もっとも戦国期以来の御伽衆を安西衆あるいは談伴と呼んで幕府の機構の中に位置づけ、ひとつの職制としたのは秀忠であり家光であったが、他方でこの二人の将軍は戦国期の御伽衆と一面で通じる性格を持った御咄相手を私的に夜伽に召したのである。このように幸若家は人格的に将軍と親密な関係にあったといえる（山本吉左右『くつわの音がざざめいて』P163）。

○『徳川実紀』慶長十六（1611）年十二月十二日
　今夜幸若弥次郎大夫被召出駿府城にて幸若の舞曲御覧ぜらる（台徳院十七1―570）。

○『徳川実紀』慶長十七（1612）年七月十八日
　幸若帰越の暇給ひ、銀三十枚下さる（台徳院十九1―592）。

○『時慶卿記』慶長十八（1613）年五月六日
　幸若舞御所望（五郷寅之進「幸若舞曲研究の課題（一）」P8」）。

○『徳川実紀』慶長十八（1613）年五月六日

駿府にて幸若の舞御覧あり（台徳院二十二1―622）。

○『徳川実紀』慶長十九（1614）年四月一日

駿府にては幸若舞御覧ぜらる。この頃琵琶法師・棋師・象棋師等各めして試みたまふが故、曲芸の徒多く駿府に輻湊すといふ（台徳院二十六1―659）。

○『徳川実紀』慶長十九（1614）年六月一日

また幸若舞御覧あり（台徳院二十六1―665）。

○『徳川実紀』慶長十九（1614）年七月十日

また幸若の舞御覧ぜられ、その徒に銀時服下されて、帰国のいとまたまふ（台徳院二十七1―670）。

○『徳川実紀』慶長十九（1614）年九月十五日

駿府にて幸若の舞御覧あり（台徳院二十七1―681）。

○『徳川実紀』慶長十九（1614）年九月十八日

この日可睡斎宗珊をめして禅理を聞し召、また幸若舞を御覧ぜらる（台徳院二十七1―682）。

○『徳川実紀』慶長十九（1614）年九月廿日

幸若舞御覧あり（台徳院二十七1―682）。

○『徳川実紀』慶長十九（1614）年十月十日

また幸若舞御覧ぜられ、その徒に銀時服下されて。帰国のいとまたまふ（五郷寅之進「幸若舞曲研究の課題（二）」P55）。

『諸家高名記』に、元和元（1615）年に移り、諸大名旗本新年の御佳儀を申をさせ給ひける。大御所には三州岡崎にしばらく御逗留あって、御鷹をつかわさるる。是大坂の御左右をきこしめさるべきとかや云云。新将軍には正月廿八日に大坂を発駕あって、二月七日岡崎へ御着あそばされ、御両所御一座にて、本多佐渡守御賞伴を仕り、御佳儀の上、四座の面面御前において祝言を仕りおさめてのち、幸若八郎九郎といふ舞の上手美曲をつくして、御機嫌ことにすぐれたり。されば此幸若大夫と申は、さりとては俗性いやしからず。もとは越前の守桃井播磨守直常が末葉也。かの直常は元弘建武の大乱に、足利将軍尊氏の手に属して、度度武功をあらはし、軍忠を尽くしける・・・直常死去の後は、子孫なほ穿穿の身となり、本国の安堵なりがたく、諸国に離散せし。その中に幸若丸といふもの、叡山にのぼり、光林坊の窓に学問せしが、此児自然とこゑよく、拍子にかなひ、いつとなく双紙に節はかせをつけてうたひける。それを聞くに、さりともおもしろき事感にたへたり、世の人おのづから是を舞と申す。幸若が子孫のあいつづいて、此わざをつとめて、舞大夫となれり、此ゆゑに元祖幸若丸を名字とし幸若大夫といへリ、是今の舞のはじめぞか

し。扨しもかかる人の末葉舞大夫となり、世をわたるこそあはれなれ。（『朝日町史』P481）

○『徳川実紀』元和元（1615）年二月十六日
御所江戸城にかへらせ給う幸若舞曲あり（「台徳院三四2―6」）。

○『元寛日記』元和元（1615）年二月十六日
着御江戸・・・四座之猿楽御能被仰付次幸若八郎於御前舞一曲（『朝日町誌Ⅰ』P746）。

○『徳川実紀』、『台徳院殿御実記』慶長廿（1615）年四月一日
御会例のごとし駿府にては幸若舞御覧ぜらる（市古貞次『中世文学年表』）。

○『徳川実紀』元和元（1615）年七月五日
幸若舞御覧じ給ふ、烏帽子折、和田酒盛、俊覚なり（台徳院三十九2―55）。

○『台徳院殿御実記』巻39元和元（1615）年七月五日
将軍の京都上洛に際しても幸若弥次郎同八郎（九郎）・同小八郎大夫これに随行「二条にて・・・幸若舞御覧じ給う、烏帽子・和田酒盛・俊覚なり」。

○『徳川実紀』元和二（1616）年正月一日
御所白木書院に出ます・・・次に布衣以上諸有司、番士、同朋衆までも御流給はり次

に板縁にて幸若、観世等も御流を拝哉し後奥に入らせ給ふ（大徳院四十一2―83）。

○『徳川実紀』元和二（1616）年正月、儀式記事中に「元旦（江戸城）大広間将軍出御。次の間との間の襖を老中が開く。次間には譜代大小名・諸藩頭・近習・三千石以上の外様・法印と法眼の医師・扈従《こしょう》人等、拝謁。将軍、上段に着座。盃。松平和泉守乗、松平主殿頭忠利、松平伊豆守信吉を始め初大夫法印と法眼の医師等宛、御流・時服頂戴。板縁で、幸若・観世等（二代将軍秀忠の）御流頂戴。将軍、入御。

○元和三（1617）年正月二日、江戸城における御謡初の様子が記載されている（『続武家閑話』）。

猿楽舞々等群参して舞踊せしむ。御酒宴終りて御流、猿楽に被下べしと有しかば、この事当年初る儀ゆえ、定めありて次第を逐いて頂戴すべきと、群参の面々存罷在候ところ、御目付中渡といいなや、幸若小八郎阿と答へ其侭すすみ出て御流頂戴せしむる故、諸人これを卒爾の至りと眉をひそむるに、また同じく（幸若）与三大夫罷出、前後を揖《くみ》せず相続て拝領す。・・・然して台徳公（秀忠）御意に、小八郎只今の振舞誠に宣くなるかな。彼は清和源氏桃井が後胤なり、父は太閤秀吉に仕ふ。・・・当時其身武門にあらずといえども、氏姓ある者は覚えずして武勇を顕すなり。今日、小八郎群に抽《ぬきん》で一人すすみ出て盃をのむ事、其器、先祖に劣るべからずものなり。向後、今夜の格（やり方）を以て定規とすべきものなり、云々。

文中の「小八郎」は幸若六代小八郎安信、「与三大夫」は幸若八代弥次郎家良親であろう（『越前幸若舞を知る100項』P178）。

18　徳川三代将軍家光と幸若舞

《家光疱瘡の時、昼夜看侍し御伽をする》

幸若十四代小八郎直尭が著した系図添書（笹野堅『幸若舞曲集』Ｐ１８０）に、幸若七代小八郎安林について次のように書かれている。

弓馬の達人也、将軍家光公御上洛伴奉、其後御疱瘡有之、山川検校ト（幸若七代小八郎）安林両人、上意ニヨリ百日御伽、然安林五十日相勤、有痲疾之憂、賜御暇加医療中、密於堀三左衛門宅酒宴、此事達上聞百日閉門、後蒙、免許。

系図添書に、家光が疱瘡にかかった時、幸若七代小八郎安林は百日の「御伽」を命ぜられたが、五十日にして病気と称してお暇を乞い、療養中に堀三左衛門（三右衛門カ）宅で酒宴を開き、発覚して百日の閉門を蒙ったとする伝承とよく応じている。想像をたくましくすれば、若き日の幸若七代小八郎安林は父幸若六代小八郎安信の推挙で、将軍と同年配の私的な側付となり、将軍の威光を背景に派手な振舞をしていたのかも知れない。

家光の疱瘡は、乳母の春日局が薬・針灸断ちを誓って家光の快復を祈ったので有名だが、これは寛永六（１６２９）年のことで、その前の家光の上洛は寛永三（１６２６）年のことであった。山川検校は城管と号し、談伴の一人で針治をよくし、幸若七代小八郎安林は寛永六年には二十四歳でまだ小八郎の名跡を継いでいず、父の幸若六代小八郎安信が寛永八年に隠居して白也を名乗ってから小八郎を称した。「弓馬之達人也」とあるが敦賀幸若屋敷にも馬場があったことが確認されている（山本吉左右『くつわの音がざざめいて』P167）。

また、寛永十（1633）年の家光の病（九月三日から二十六日まで咳気）で、一時は危篤状態にまでおちいった時の記事と思われるものに、

幸若小八郎家系図や『丹生郡人物誌』P188の中に幸若七代小八郎安林について、「徳川家光かつて病んだ時（幸若七代小八郎）安林を山里御殿に召して音曲を奏せしめ無聊を醫した故に（幸若七代小八郎）安林は一日も欠かすことなく当直凡そ数十日に及んだ。家光はその労をねぎらい特に堀田加賀守正盛に命じて同席に於いて料理を賜わり、又江戸参勤の節は常に特命をもって三年もしくは四年の間滞留せしめしかば、その間には諸侯にも音曲を教授せり。」とある。

○　幸若十代八郎九郎重信は、徳川秀忠・家光・家綱の三代の将軍に歴任したが、ことに家光には二度の上洛とも随行を命ぜられたがその暇を乞い帰国する時には家光時代からの例として家綱から呉服三重・白銀三十枚を賜り、かつ永らく中断していた御紋付の着

用を許可された（『丹生郡人物誌』Ｐ１８９）。

○『徳川実紀』寛永二（１６２５）年八月九日大婚を賀せられて大御所本城にならせ給へば・・・こよひ大御台所（お江の方）は大奥にやどらせた給ひ。幸若舞御覧じ給ふ、此月よりして鷹司前関白信房公の御女（鷹司孝子様）をもて御代所（三代将軍家光の正室）と称し奉るが故なり（大猷院五２－３４８）。

○『幸若系図之事』寛永八（１６３１）年冬之比、（幸若六代）小八郎安信に隠居被仰付在所へ御暇之節、如例御時服・御暇銀頭（頂）載、小八郎老衰之上、定而歩行可為不自由御察被遊、御馬被下置之間、此御馬に駕て山野之殺生心安仕、老期を楽候様にとの上意にて、則鞍置之御馬を下賜也、先祖幸若丸以来、時之公方家より御馬を被下たる例なし、此併小八郎堪能の芸を御賞美被遊故と誠難有次第也、御鞍、黒塗ニ九様ノ星ヲ二寸斗ニ輪違ノ如ク重、色カハリノ金泥ニテ所々画タル鞍鐙、于今子孫令相伝也（『朝日町誌Ｉ』Ｐ63）。

『幸若系図之事』寛永八（１６３１）年冬の頃、幸若（六代）小八郎安信は、老衰にて自宅でゆっくり余生を過ごすよう隠居を仰せ付けられ御時服とお暇銀を頂戴（笹野堅『幸若舞曲集』Ｐ２０２）。

○『徳川実紀』寛永八（1631）年一月十六日
西城（西の丸）にて幸若舞御覧あり（大猷院十七2―504）。
○『徳川実紀』寛永十（1633）年二月三日
（家光）この日幸若舞御覧あり（大猷院二十二2―584）。
○『徳川実紀』寛永十（1633）年二月五日
此日幸若御覧あり。
○『徳川実紀』寛永十（1633）年二月八日
この夕幸若舞御覧あり（大猷院二十二2―584）。
○『徳川実紀』寛永十（1633）年八月十一日
夜に入て幸若舞御覧あり（五郷寅之助「幸若舞曲研究の課題（二）」P56）。
○『徳川実紀』寛永十（1633）年八月十七日
夜に入って幸若舞御覧あり（大猷院二十二2―608）。
○『徳川実紀』寛永十一（1634）年二月十七日
この夕黒木書院にて幸若舞御覧あり。幸若の従へ。銀時服かずけらる（大猷院二十二2―608）。
○『徳川実紀』寛永十一（1634）年八月三日

松平越後守光長御左に侍座し松平伊代守忠昌松平出羽守直政松平但馬守も一同に陪座し幸若舞あり。

○『徳川実紀』寛永十二（1635）年三月安宅丸船中で猿楽とともに祝儀として幸若舞が行われる（『福井県史』）。江戸幕府三代将軍家光公の命により造られた巨船安宅丸《あたけまる》は、江戸時代初期に向井将監に命じて新造した軍船形式の御座船であり、別名を天下丸という。

○『徳川実紀』寛永十二（1635）年八月三日
海辺へならせられ、在府の諸大名こと〲く供奉し安宅丸の大船にて、宴を賜はり、家門へ御盃を下さる。松平越後守光長、御左に侍座し、松平伊予守忠昌・松平出羽守直政・松平但馬守直基・松平土佐守直良も一同に倍座し、幸若舞あり。又拍子五番。「高砂・熊野・盛久・龍田・養老」諸大名おもひおもひに舞曲を奏し、御気色斜ならず（大猷院二十八2―687）。

○『徳川実紀』寛永十四（1637）年七月十四日
奥にては幸若舞御覧あり（大猷院三十五3―58）。

○『徳川実紀』寛永十四（1637）年七月廿四日
薄暮より奥にて幸若舞御覧ぜらる（大猷院三十五3―58）。

○『徳川実紀』寛永十四（1637）年八月十八日

奥にて幸若舞御覧ぜらる（大猷院三十五3—61）。

○『徳川実紀』寛永十四（1637）年十月十日

幸若舞御覧ぜらる（大猷院三十六3—69）。

○『徳川実紀』寛永十四（1637）年十月廿日

夜に入って幸若舞御覧あり（大猷院三十六3—70）。

○『徳川実紀』寛永十四（1637）年十月廿六日

小石川の辺御鷹狩あり。水戸黄門の邸にて御膳めし上らる、かへらせ給ひて三浦志摩守正次風流を催し御覧にそなふ。夜中、また幸若の舞御覧あり（大猷院三十六3—70）。

○『徳川実紀』寛永十四（1637）年十月三十日

黄昏、幸若舞御覧あり（大猷院三十六3—71）。

○『徳川実紀』寛永十四（1637）年十一月三日

夜中、幸若舞御覧ぜらる（大猷院三十六3—72）。

○『徳川実紀』寛永十四（1637）年十二月六日

夜中、御座所にて幸若舞御覧ぜらる（大猷院三十六3—78）。

○『徳川実紀』寛永十四（1637）年十二月十七日

○夜中、また幸若の舞御覧あり（大猷院三十六3―78）。
○『徳川実紀』寛永十五（1638）年五月廿九日
今夜、幸若舞御覧ぜらる（大猷院三十八3―105）。
○『徳川実紀』寛永十五（1638）年六月二日
かへらせ給ひ、夜に入って幸若舞御覧ぜらる（大猷院三十八3―105）。
○『徳川実紀』寛永十五（1638）年十一月廿日
此夜、幸若舞御覧あり（大猷院三十九3―117）。
○『徳川実紀』寛永十五（1638）年十二月十五日
二丸にて幸若舞御覧あり（大猷院三十九3―120）。
○『徳川実紀』寛永十六（1639）年一月四日
夜中、幸若舞御覧あり（大猷院四十3―125）。
○『徳川実紀』寛永十六（1639）年三月十二日
夜に及んで、幸若舞御覧あり（大猷院四十3―130）。
○『徳川実紀』寛永十六（1639）年四月七日
夜中、幸若舞御覧あり（大猷院四十3―133）。
○『徳川実紀』寛永十六（1639）年七月十九日

○夜中、幸若舞御覧あり（大猷院四十一3―145）。

○『徳川実紀』寛永十六（1639）年十一月十四日

夜に入り、幸若舞御覧あり（大猷院四十二3―160）。

○『徳川実紀』寛永十六（1639）年十一月廿三日

夜中、幸若舞御覧あり（大猷院四十二3―160）。

○『徳川実紀』寛永十七（1640）年一月九日

午後小石川、巣鴨辺へ狩せさせ給ひ、還御の後、幸若舞御覧ぜらる（大猷院四十三3―170）。

○『徳川実紀』寛永十七（1640）年一月十五日

夜中、幸若舞御覧あり（大猷院四十三3―171）。

○『徳川実紀』寛永十七（1640）年二月五日

夜中、幸若舞御覧あり（大猷院四十三3―172）。

○『徳川実紀』寛永十七（1640）年二月十六日

夜中、幸若舞御覧す（大猷院四十三3―174）。

○『徳川実紀』寛永十七（1640）年九月廿日

夜中、幸若舞御覧あり（大猷院四十五3―207）。

○『徳川実紀』寛永十七（1640）年十二月廿一日
幸若舞御覧あり（大猷院四十五3―213）。
○『徳川実紀』寛永十八（1641）年九月二日
若君はじめて面に出ますにより、三家はじめ諸大名皆まうのぼる。・・・舞々・猿楽は落縁に伺候す（大猷院四十七3―236）。
○「生保郷帳」生保三（1646）年（『朝日町誌　通史編』P596）

幸若分		一千七十五石
幸若弥次郎	印内村	三百石
幸若八郎九郎	朝日村・印内村	二百三十石
幸若小八郎	朝日村・印内村	三百四十五石
幸若（七代）伊右衛門	天王村	二百石

○『徳川実紀』正保三（1646）年十二月十八日
幸若舞御覧仰出され、夕つけて黒木書院に出ます。しかるに幸若小八郎遅参して、期にをくれたるにより、御けしきよからず。明年中府に滞寓せしめらる（大猷院六十五3―468）。
○『徳川実紀』慶安元（1648）年十一月十七日

夕ぐれ、黒木書院に出まし、幸若舞御覧あり（大猷院七十二3―570）。

○『徳川実紀』慶安三（1650）年十一月十七日

夜に入て、幸若舞御覧ぜらる（大猷院七十九3―677）。

19　敦賀幸若五郎右衛門家の起こりは

西田中村には幸若三家の屋敷があるが、後に幸若小八郎家が分家し、敦賀郡田嶋村（三島町）とその周辺に百石の新領地を得た。これが敦賀幸若家である。

《江戸幕府使番から小浜藩へ照会》

敦賀町奉行所の記録『指掌録』によると、江戸幕府使番大岡忠征から敦賀の舞太夫「諸鶴越中の旧領」について小浜藩に照会があった。小浜藩では「諸鶴旧領」のその後の経緯が不明となっていたので、さらに元文三（1736）年二月、小浜藩から敦賀町奉行（名和庄大夫カ）に問い合わせてきた。敦賀町奉行でもわからなかったので、幸若領の古老、一乗寺の住持に尋ねて、小浜へ報告した。その報告におよそ次のようなことが記されている。

㈠、舞太夫諸鶴越中が敦賀郡内に百石の領地を有し居住していて、その子長次郎が家督を相続したが、承応元（1653）年に若死し家が断えた。

㈡、諸鶴旧領を小浜藩主酒井忠勝が上がり地として預かり、万治三（1660）年まで足掛け九年間、その所務をたばねたが、この年、幸若（七代）小八郎安林（虚白）の次子久次郎が諸鶴旧領を拝領して、田嶋村と改称した。

㈢、敦賀幸若家の起こりは、幸若（六代）小八郎安信（白也）が将軍秀忠の御咄相手として側近く仕えたが、その子の（幸若七代）小八郎安林も（三代）将軍家光に召されて、音曲指南をし「其外御奉公申上候品」もあったので、家光は知行の加増を約束した。しかし、かれこれ「不仕合」なことがあって、それが実行されぬうちに家光は薨じた。酒井忠勝の口添えで、（四代）将軍家綱が諸鶴旧領を（幸若七代小八郎）安林に与え、その子供のうち一人を敦賀に差越するように命じたので、次男の久次郎が諸鶴旧領を拝領して、延宝六年（1678）に敦賀へ引越した。久次郎は後に（幸若八代）五郎右衛門（常義）と称した（山本吉左右『くつわの音がざざめいて』P169）。

《三代将軍家光が幸若領加増約束》

先の敦賀町奉行所『指掌録』のとおり、幸若六代小八郎安信（白也）が二代将軍秀忠の御咄相手として側近くに仕えたが、その子の幸若七代小八郎安林も三代将軍家光に召されて、音曲指南をし、「其外御奉公申上候」もあったので、家光は知行の加増を約束した。しかし、かれこれ「不仕合」なことがあって、それが実行されぬうちに家光は薨じてしまった。

惣家（上出家）の幸若八代弥次郎良親も次男家（北家）の幸若十代八郎九郎重信も加増を受けていないのだから、（南家）幸若七代小八郎安林には他に理由があったことになる。とすると「其外御奉公申上候品」もあったというのは、三代将軍家光の私的な側付としての功績によるものではなかったかと想像させる。

知行地加増の有力な候補が幸若七代小八郎安林であったが、その理由は父の幸若六代小八郎安信の功績にも寄ろうが、もっぱら本人の功績によるものと思われる（山本吉左右『くつわの音がざざめいて』P172）。

《四代将軍家綱が幸若領百石加増》

三代将軍家光は知行地加増の約束をしただけで、慶安四（1654）年に薨じたが、それを四代将軍家綱に働きかけて実現させたのが酒井忠勝であった。

酒井忠勝の口添えで、四代将軍家綱が諸鶴旧領（現敦賀市）を幸若七代小八郎安林に与え、その子供のうち一人を敦賀に差越すように命じたので、次男の久次郎が諸鶴旧領を拝領して延宝六（1678）年に敦賀へ引っ越した。久次郎は後に幸若五郎右衛門と称した。

酒井忠勝は徳川家康の妹光源院夫人の子で、小姓組から取り立てられ二代将軍秀忠の側近となり、さらに三代将軍家光の側近となって腕を振い、四代将軍家綱にも仕えた。三代将軍家光の代、寛永十五（1638）年には大老となっている。特に三代将軍家光の信任が厚く、幕府の重鎮として、上は将軍の意志・行為を制約する存在となり、下に対しては幕府の職制・機構の権威をたかめていた人物である（山本吉左右『くつわの音がざざめいて』P172）。

《加増内意から実現するまでに十年以上の歳月》

小八郎安林に加増が実行されたのは万治三（1660）年だったから、内意があってから実現するまでに少なくとも十年、あるいはそれ以上の歳月を要している。これは適当な上がり地がなかったためとも考えられるが、諸鶴領が上がり地となってからも八年である。それは恐らく側近たちの中に将軍家光の意志を尊重して加増を認める意見と、早急に幕府の官僚的機構を作り上げようとする立場から、幸若家をお抱え身分に固定しようとしてこれを認めない意見があったものと思われる。

やや傍系の幸若七代小八郎安林の加増によって、惣家の幸若八代弥次郎良親や次男家の幸若十代八郎九郎重信の家に比べて特別に高くすることになり、出府の時などにも傍系の小八郎家のみが多くの従者を従えることとなる。当時、幕府は一方で家柄を固定しようとする政策を推進していたが、これに抵触することとなり、それを避けるために幸若七代小八郎安林の子息に分家を命じたのであろう。これを幕府側から見れば将軍家光の意志を尊重しながらも幕府中枢内にあった対立意見の妥協をはかり、分家という形になったと思われる。そして二つの対立意見の調停をはかったのが酒井忠勝であったのだろう。

久次郎の敦賀移住が知行拝領後かなり遅れたのは、こういった幕府の処遇への抵抗からであって、その間、さまざまなパイプを利用して、分家を立てるのではなく小八郎家そのものへの加増を工作していたものと思われる。

幕府の政策が進捗しはじめ、寛文八（１６６８）年には幸若家が槍持ちを召し連れるのを禁じ、延宝五（１６７７）年には、幸若家の家格を固定するために先祖書の提出を命じた。延宝六（１６７８）年妥協してついに久次郎（五郎右衛門）が敦賀移住に踏み切ったのではあるまいか。時に久次郎（幸若八代五郎右衛門常義）は三十三歳であった（山本吉左右『くつわの音がざざめいて』Ｐ１７３）。

《敦賀幸若屋敷跡》

敦賀市三島町幸若五郎衛門家の屋敷は、京の都に通じる若狭（若州）街道に面し、敷地は東西約九十メートル・南北約五十五メートル、約四千八百六十平方メートル、千四百七十余坪である。北東隅には鬼門外しが施され、約二十七メートルの鉄砲射撃場をもっていた。屋敷の東側には江戸時代の宝暦年間に敦賀幸若家が造園を命じ完成させた築山泉水式の庭園約四百五十坪の広さで、市郊外の敦賀市東郷の連峰を借景にした形式はみごとなもので庭の半分を園池が占め、池の中には「寿」を表現する蓬莱山をかたどった大島小島があり、さらに亀の塑像を配した亀石が築かれ今なおその優雅さを誇っていた（現在は天理教越乃国大教会の有に帰している）。昭和三十一（１９５６）年に庭園は敦賀市指定文化財となり水成岩の黒石碑に「名勝幸若遺跡庭園」と刻まれている。また、幸若一族は将軍家に仕え厚く扶持せられたため格式高く一子相伝的な秘芸として守り続けたことは、今に敦賀に残る稽古場（土蔵）をみても推察できる（『朝日町史』Ｐ46、『越前幸若舞を知る１００項』Ｐ１１２）。

《敦賀幸若家の菩提寺》

幸若五郎右衛門家の菩提寺は福井県敦賀市松島の禅宗の寺「永健寺」で、山号を曹紹山といい、曹洞宗の寺で本尊は釈迦如来ある。

境内の一角には縦七メートル横五メートルに渡って四十センチメートルほど盛り土がしてあり、元禄十三（１７００）年十月建の慈建院高岳全三居士（敦賀幸若始祖（幸若八代）

五郎右衛門常義）等六代にわたっての墓がある。いずれの墓にも幸若独特の五三の桐（小八郎家）と定紋丸二が刻まれている（『越前幸若舞』）。
寶暦九（1759）年八月付「寄進状の事」等によると、敦賀幸若家四代目となる幸若十一代五郎右衛門家三五右衛門安當が自分の住んでいた屋敷と領内にあった霊山院を、徳賞寺の昇巌和尚に隠居寺として寄進し、曹洞宗霊山院を開基した。この周辺にはかつて大谷良継の居城があり、宝暦の頃に妖怪が出るので霊山院を建てた（『敦賀志稿』）という。幸若十五代五郎右衛門安輝の弟直純は小八郎家の養子となっている。（『越前幸若舞を知る100項』P96）
この後、幸若家が新たに移り住んだ屋敷の場所が、現在の「名勝幸若遺跡庭園」（敦賀市三島町）となっている所であり、京の都に通じる若狭（若州）街道に面し、江戸への出府により便利な場所へとの移動となった。
『敦賀郡神社誌』により、明治四十三（1910）年に日吉神社は八幡神社に合祀された事が分かるが、八幡神社の鳥居額には、幸若五郎右衛門家の家紋である五三の桐の紋所が刻まれている。また石燈籠には「干時宝暦八辛卯（1758）年四月□日　御宝前奉寄進　施主　桃井□経　敬白」とあり、時代的に幸若十一代五郎右衛門家三五右衛門安當の奉納と考えられる。また、境内内の日吉社の戸張（幕）には、「奉納　播磨守直常十六代孫、幸若（十四代）紀十郎安政（花押）諸願成就皆令満足　天保十三（1842）寅年三月吉日」とある（『越前幸若舞を知る100項』P112）。

20 徳川四代将軍家綱と幸若舞

四代将軍家綱は幸若舞を寵遇し、幸若小八郎家に敦賀分家を認め百石の加増を許した。

○『徳川実紀』承応元（1652）年一月廿一日
（家綱）幸若の舞御覧あり。その徒に時服を纏頭せらる（巌有院三4―43）。

○『徳川実紀』承応元（1652）年一月廿五日
（家綱）幸若の舞曲御覧あり（巌有院三4―43）。

○『徳川実紀』承応元（1652）年二月七日
（家綱）幸若の舞を見給ふ（巌有院三4―43）。

○『徳川実紀』承応二（1653）年六月十五日
今夜幸若のもの三人めされ舞御覧あり。その者らに時服を給う（五郷寅之助論改編P56）。

○『徳川実紀』明暦元（1655）年十二月四日
暮に及で幸若の舞御覧あり。この輩に時服を下さる（巌有院十4―166）。

○『徳川実紀』明暦元（1655）年十二月廿四日

○この夕幸若の舞御覧あり（巌有院十4―167）。

○『徳川実紀』明暦二（1656）年九月四日
けふ（今日）、幸若の舞御覧ありければ、其輩に時服を纏頭せらる（五郷寅之助論改編P56）。

○『徳川実紀』明暦三（1657）年二月十七日
此日御出さるゝは・・・舞々・猿楽等市中にて宅地給はりしは、是も市人賜銀のうちにて、其程をはかり、分布せらるべしとなり（巌有院十三4―216）。

○『徳川実紀』明暦三（1657）年十一月十六日
夜中、幸若の舞御覧じられ、其輩へ時服纏頭せらる（巌有院十四4―246）。

○『徳川実紀』明暦三（1657）年十一月廿八日
夜中、幸若の舞御覧じ給ふ（巌有院十四4―248）。

○『徳川実紀』万治元（1658）年二月四日
夜中、幸若舞曲御覧ありて、銀・時服下さる（巌有院十五4―258）。

○『徳川実紀』万治元（1658）年三月十五日
けふ（今日）も乗馬御覧じたまひ、夜中幸若舞御覧あり（巌有院十五4―262）。

○『徳川実紀』万治元（1658）年四月廿九日

○乗馬并《ならび》に幸若舞御覧あり（厳有院十五4―266）。

○『徳川実紀』万治元（1658）年閏十二月七日

夜中、幸若の舞御覧じ給ふ（厳有院十六4―289）。

○『徳川実紀』万治二（1659）年一月八日

けふ（今日）、幸若御覧あり（厳有院十七4―295）。

○『徳川実紀』万治二（1659）年十二月二日

この日、幸若の舞御覧あり。御遷移後初てなれば、其輩に時服をかづけらる（厳有院十八4―335）。

○『徳川実紀』万治二（1659）年十二月十四日

幸若舞御覧あり（厳有院十八4―336）。

○『徳川実紀』万治三（1660）年一月七日

幸若舞御覧あり（厳有院十九4―341）。

○『徳川実紀』万治三（1660）年二月十七日

府中馬并《ならび》に幸若舞御覧あり（厳有院十九4―344）。

○『徳川実紀』万治三（1660）年四月廿日

夜中、幸若舞御覧あり（厳有院十九4―348）。

○『徳川実紀』万治三（1660）年九月二日
幸若舞曲御覧あり（巌有院二十4―361）。
○『徳川実紀』万治三（1660）年十一月十三日
夜中、幸若舞御覧あり（巌有院二十4―369）。
○『徳川実紀』万治三（1660）年十一月十四日
昨夜の舞つかふまつりし徒へ、時服たまふ（巌有院二十4―369）。
○『徳川実紀』万治三（1660）年十二月八日
夜中、幸若舞御覧あり（巌有院二十4―371）。
○『徳川実紀』寛文元（1661）年一月十七日
夜中、幸若舞御覧あり。其輩へ時服たまふ（巌有院二十一4―378）。
○『徳川実紀』寛文元（1661）年二月廿五日
幸若舞御覧あり（巌有院二十一4―380）。
○『徳川実紀』寛文元（1661）年四月六日
夜中、幸若舞御覧あり（巌有院二十一4―384）。
○『徳川実紀』寛文元（1661）年十二月二日
夜中、幸若舞御覧あり。初てつかふまつりし二人へは時服三づゝ、其外へは一襲づゝかづけらる（巌有院二十二４−４０４）。
○『徳川実紀』寛文二（１６６２）年一月七日
又幸若舞御覧あり（巌有院二十三４−４０９）。
○『徳川実紀』寛文二（１６６２）年一月十二日
又幸若舞御覧あり（巌有院二十三４−４０９）。
○『徳川実紀』寛文二（１６６２）年一月十九日
夜中、幸若舞御覧あり（巌有院二十三４−４１０）。
○『徳川実紀』寛文二（１６６２）年二月十六日
夜中、幸若舞御覧あり（巌有院二十三４−４１１）。
○『徳川実紀』寛文二（１６６２）年三月九日
幸若舞御覧あり（巌有院二十三４−４１４）。
○『徳川実紀』寛文二（１６６２）年四月六日
此夜幸若舞御覧ありしに、こと更御感ありて、各時服を纏頭せらる（巌有院二十三４−４１８）。
○『徳川実紀』寛文二（１６６２）年四月十四日
けふ（今日）、幸若舞御覧あり（巌有院二十三４−４１８）。

○『徳川実紀』寛文二（1662）年四月廿日

また幸若舞御覧あり（巌有院二十三4―419）。

○『徳川実紀』寛文二（1662）年五月廿三日

此夕、幸若舞御覧あり（巌有院二十三4―422）。

○『徳川実紀』寛文二（1662）年六月十一日

又幸若舞御覧じたまふ（巌有院二十三4―424）。

○『徳川実紀』寛文二（1662）年八月十六日

幸若舞御覧あり（巌有院二十四4―432）。

○『徳川実紀』寛文二（1662）年九月十七日

夜中、幸若舞御覧あり（巌有院二十四4―434）。

○『徳川実紀』寛文二（1662）年十一月三日

夜中、幸若舞御覧あり（巌有院二十四4―438）。

○『徳川実紀』寛文二（1662）年十一月十三日

幸若舞御覧あり（巌有院二十四4―439）。

○『徳川実紀』寛文二（1662）年十二月五日

幸若舞御覧あり其徒に時服を纏頭せらる（巌有院二十四4―441）。

○『徳川実紀』寛文二（1662）年十二月十九日
幸若舞御覧あり（巌有院二十四4―443）。
○『徳川実紀』寛文三（1663）年一月十八日
幸若舞御覧あり（巌有院二十五4―446）。
○『徳川実紀』寛文三（1663）年三月十三日
此夜、幸若舞御覧じ給ふ（巌有院二十五4―451）。
○『徳川実紀』寛文三（1663）年三月十七日
この夜、幸若舞御覧あり。時服纏頭せらる（巌有院二十五4―451）。
○『徳川実紀』寛文三（1663）年五月八日
幸若舞御覧あり（巌有院二十六4―464）。
○『徳川実紀』寛文三（1663）年九月十七日
この夕、幸若舞御覧あり（巌有院二十七4―476）。
○『徳川実紀』寛文三（1663）年十二月一日
夜中、幸若舞御覧あり（巌有院二十七4―484）。
○『徳川実紀』寛文四（1664）年二月十日
幸若舞御覧あり（巌有院二十八4―492）。

○『徳川実紀』寛文四（1664）年三月二日
幸若舞御覧あり（巌有院二十八4—494）。

○『徳川実紀』寛文四（1664）年七月二日
幸若舞御覧あり（巌有院二十九4—507）。

○『徳川実紀』寛文四（1664）年十二月三日
また、幸若舞御覧あり（巌有院二十九4—518）。

○『徳川実紀』寛文四（1664）年十二月六日
又幸若舞御覧ありて、其徒に時服纏頭せらる（巌有院二十九4—519）。

○『徳川実紀』寛文四（1664）年十二月十四日
夜中、幸若舞御覧あり（巌有院二十九4—520）。

○『徳川実紀』寛文四（1664）年十二月廿日
幸若舞御覧じ給ふ（巌有院二十九4—521）。

○『徳川実紀』寛文五（1665）年一月十日
また幸若舞御覧あり（巌有院三十4—523）。

○『徳川実紀』寛文五（1665）年一月廿日
又幸若舞御覧あり（巌有院三十4—524）。

○此日、幸若舞御覧あり（巌有院三十4―524）。『徳川実紀』寛文五（1665）年一月廿九日

○夕方、幸若舞御覧じたまふ（巌有院三十4―524）。『徳川実紀』寛文五（1665）年一月三十日

○夕方、幸若舞御覧じあり（巌有院三十4―530）。『徳川実紀』寛文五（1665）年四月九日

○夕方、幸若舞御覧あり（巌有院三十一4―552）。『徳川実紀』寛文五（1665）年十一月十九日

○夕方、幸若舞御覧じ給ふ（巌有院三十一4―554）。『徳川実紀』寛文五（1665）年十二月五日

○この夕、幸若舞御覧あり。時服纏頭せらる（巌有院三十一4―554）。『徳川実紀』寛文五（1665）年十二月十一日

○夜中、幸若舞御覧あり（巌有院三十一4―556）。『徳川実紀』寛文五（1665）年十二月廿五日

○夜中、幸若舞御覧あり（巌有院三十二4―582）。『徳川実紀』寛文六（1666）年九月廿一日

○『徳川実紀』寛文六（1666）年十月廿日

また夕方幸若舞御覧ぜらる（巌有院三十三4―584）。

○『徳川実紀』寛文六（1666）年十一月十七日

夕方、幸若舞御覧ぜらる（巌有院三十三4―588）。

○『徳川実紀』寛文六（1666）年十二月三日

幸若舞御覧あり（巌有院三十三4―590）。

○『徳川実紀』寛文六（1666）年十二月十四日

今宵、幸若舞あり。時服を給ふ（巌有院三十三4―591）。

○『徳川実紀』寛文七（1667）年一月廿四日

夜中、幸若舞御覧あり（巌有院三十四4―596）。

○『徳川実紀』寛文七（1667）年一月廿八日

幸若舞御覧あり（巌有院三十四4―596）。

○『徳川実紀』寛文七（1667）年七月十六日

幸若舞御覧あり（巌有院三十五4―618）。

○『徳川実紀』寛文七（1667）年十二月五日

幸若舞御覧あり。時服かづけ給ふ（巌有院三十五4―628）。

○『徳川実紀』寛文七（1667）年十二月十一日
又幸若舞御覧ぜらる（巌有院三十五4―629）。
○『徳川実紀』寛文八（1668）年十二月十九日
きのふ（昨日）幸若舞御覧じ有しかば、そのともがせに時服纏頭せらる（巌有院三十七5―31）。
○『徳川実紀』寛文九（1669）年六月十六日
この夜、幸若舞御覧あり。時服纏頭せらる（巌有院三十八5―44）。
○『徳川実紀』寛文九（1669）年七月四日
夕方、幸若舞御覧じ給ひ、時服纏頭せらる（巌有院三十九5―47）。
○『徳川実紀』寛文九（1669）年十一月十八日
夜中、幸若舞御覧あり（巌有院三十九5―59）。
○『徳川実紀』寛文九（1669）年十一月廿四日
幸若舞御覧あり（巌有院三十九5―59）。
○『徳川実紀』寛文九（1669）年十一月廿八日
夜中、幸若舞御覧あり（巌有院三十九5―59）。
○『徳川実紀』寛文十（1670）年三月廿六日

幸若舞御覧あり（厳有院四十5―69）。

○『徳川実紀』寛文十（１６７０）年九月廿日

幸若舞御覧じ給ふ。此の者等は、けふ（今日）初めて御覧じありしをもて、時服かずけらるる（厳有院四十一5―83）。

○『徳川実紀』寛文十（１６７０）年十二月廿五日

幸若舞御覧じて、時服かずけらるる（厳有院四十一5―89）。

○『徳川実紀』寛文十一（１６７１）年十月廿二日

又幸若舞御覧あり（厳有院四十三5―１１３）。

○幸若八代庄兵衛家庄大夫長明『幸若系図之事』には、殊更寛文十一（辛亥１６７１）年十一月三日、幸若一家の御支配松平民部（氏信１６１３―１６８３）殿へ被召寄、鈴木喜左衛門殿・狩野法眼永真・同右京・同婿洞雲（益信）、其外御坊主珍阿弥数輩聴聞にて十番切・馬揃御聞音曲の間三度又終りても兼而聞及しより達者成音曲程拍子まで残所なく扨々いハう様もなきと殊外成御ほめ也。

○『徳川実紀』寛文十一（１６７１）年十二月七日

幸若舞御覧あり（厳有院四十三5―１１７）。

○『徳川実紀』寛文十二（１６７２）年二月十六日

この夜、幸若舞御覧じ給ひ初てつかふまつりたるものに時服かづけらる（五郷寅之助「幸若舞曲研究の課題（二）」P56）。

○『徳川実紀』寛文十二（1672）年三月十六日
この夜、幸若舞御覧じ給ひ、初て仕りたるものには、時服かづけらる（巌有院四十四5―127）。

○『徳川実紀』寛文十二（1672）年八月十二日
幸若舞御覧あり（巌有院四十五5―141）。

○『徳川実紀』寛文十二（1672）年八月廿九日
幸若舞御覧あり（巌有院四十五5―141）。

○『徳川実紀』寛文十二（1672）年十二月三日
夕方、幸若舞御覧ありて時服を給う（巌有院四十五5―146）。

○『徳川実紀』寛文十二（1672）年十二月九日
幸若舞御覧あり（巌有院四十五5―147）。

○『徳川実紀』延宝元（1673）年二月九日
この夜、幸若舞御覧あり（巌有院四十六5―152）。

○『徳川実紀』延宝元（1673）年十二月廿六日

昨夜幸若舞御覧ありしかば、そのやからに時服かづけたまふ（巌有院四十七5―172）。

○『徳川実紀』延宝元（1673）年十二月廿七日
夜中、幸若舞御覧あり。初てそのわざつかふまつりしやからへ、時服かづけらる（巌有院四十七5―172）。

○『徳川実紀』延宝二（1674）年十二月三日
この夜、幸若舞御覧ありて、時服纏頭せらる（巌有院四十九5―198）。

○『徳川実紀』延宝三（1675）年十一月廿二日
夜中、幸若舞御覧ありて、時服纏頭せらる（巌有院五十一5―224）。

○『徳川実紀』延宝四（1676）年十二月六日
幸若舞御覧あり。初てつかふまつりしかば、時服纏頭せらる（巌有院五十三5―250）。

○『徳川実紀』延宝五（1677）年一月廿九日
此夜、幸若舞御覧あり（巌有院五十四5―254）。

○延宝五（1677）年、幕府は、家督相続に際して旗本と同様に幕府に提出する相続許可申請書に由緒を添付するよう命じている。先祖書の提出を命じられた幸若家では、次々と由緒書や系図が作成されたものと思われる。（山本吉左右『くつわの音がざざめいて』Ｐ１６０）。

○延宝五（１６７７）年丁巳二月廿一日、如此相調清忶シテ川美作守殿へ二月廿一日朝持参□目相渡ス　幸若八郎九郎（笹野堅『幸若舞曲集』Ｐ２５２）

○延宝五（１６７７）年丁巳、初而幸若系図先祖書共ニ可指上旨、其時之御支配松平因幡守殿石川美作守殿被仰渡（室木弥太郎『大頭の舞』Ｐ68、幸若十一代八郎九郎直良作の系図）。

○『徳川実紀』延宝五（１６７７）年十二月廿一日
此日、幸若舞御覧あり（五郷寅之助「幸若舞曲研究の課題（二）」Ｐ57）。

○『徳川実紀』延宝五（１６７７）年閏十二月八日
夜中、幸若舞御覧ありて、時服纏頭せらる（五郷寅之助論改編Ｐ57）。

○『徳川実紀』延宝五（１６７７）年閏十二月廿一日
此日、幸若舞御覧あり（五郷寅之助「幸若舞曲研究の課題（二）」Ｐ57）。

○『徳川実紀』延宝六（１６７８）年十二月一日
夜中、幸若の舞御覧じたまふ（厳有院五十七5―２９８）。

○『徳川実紀』延宝六（１６７８）年十二月九日

夜中、幸若舞御覧ぜらる（巌有院五十七5—299）。

○『徳川実紀』延宝八（1680）年五月八日
幸若大夫・琵琶法師などめしいで、、その技をきこしめし興じたまふこと、常におはしましき。こは、いずれも古雅のものにして、上つかたの御遊には、いと似つかはしき御事なり。中楽《さるがく》は表立しき儀節には行れけれども、常に御覧の事はまれなりしとぞ。（巌有院附録下5—351）。

21　徳川五代将軍綱吉と幸若舞

○「顕正系江戸鑑」　天和元（1681）年（『大武鑑　上巻』）

舞太夫　三組一年替リニ勤

壱番　幸若　小八郎

同　三右衛門

同　五郎右衛門（八代常義カ）

同　六右衛門

弐番　幸若　彌次郎

同　伊右衛門

同　三十郎（九代徳左衛門尊親カ）

同　二郎右衛門（八代徳左衛門家治郎右衛門カ）

同　二郎兵衛（七代小八郎安林弟安清の子次郎兵衛カ）

三番　幸若　八郎九郎

同　與右衛門（十一代八郎九郎の弟直忠カ）

同　　権八郎（十代八郎九郎の弟重時カ）

《役職名「舞太夫」から「幸若音曲」へ変更》

幕府は武士の特権として帯刀を許し、他に対してもこれを禁じていた。幸若家は扶持人ではなく、幕府直属の旗本同格の知行持ちであり、刀剣鑑定人本阿弥家などと同様に、その知行地を支配している身分であったにもかかわらず、天和三（1683）年三月には帯刀禁止の事態が出現した。

これに対して書かれた願書の草案がある。貞亨元（1684）年の書き上げと笹野堅氏が推定された「乍恐以口上書上候事《おそれながら》」（笹野堅『幸若舞曲集』P59）には、「台徳院（二代将軍秀忠）様御時分、同名三人（幸若八郎九郎・同弥次郎・同小八郎）ともニ御夜詰被仰付毎度御前江被召出御咄被仰付」とか、「幸若の芸ハ古へより舞候儀ハ無御座候。座著ニ而申候ゆへ本名を音曲ト申。世間ニテ舞トモ申候へ共、実名ニ而ハ無御座候事」と強弁し、「舞々ノ儀ハ、大かしらと申候而舞々ノ座ヲ立、上方ニ罷在候。御当地ニ而ハ芝ノ神明ニ罷在候申。古へより舞々猿楽ハ、世間ヨリ配斗ヲ取舞台ニ而仕候事」とある。

この嘆願書草案には、要するに、幸若舞は舞うものではなく高名な武将を先祖とする幸若音曲の武芸を職とし、更に二代将軍様（三代将軍まで）の御傍にて夜詰の御咄相手を仰せ付けられてきた家柄であるのに他の芸と同じ扱いにしないで欲しいというものである。幸若家が武将出自であることや他の舞々との違いを主張しているのは、帯刀禁止によって表現された幕府の幸若家に対する処遇の変化の不当を訴えているのである。

幕府の禁令に対し、非戦闘要員とみなされた幸若家では、たとえどんなに将軍や幕府との関係が深かったとしても、その地位と知行地を守るためにも舞々などの芸人とは違って、江戸時代初頭より将軍と密接な関係にあった事を強調するのは当然といえる（山本吉左右『くつわの音がざざめいて』P163）。

○『徳川実紀』元禄二（1689）年五月三十日

幸若の輩舞曲御覧あり。曲は「馬揃・張良・九穴貝・清重」事はて、各時服くださる（常憲院一九6—44）。

○元禄十一（1698）年四月二十六日付の「幸若八郎九郎家由緒ニ付願書写」（桃井龍一家所蔵）は、幸若十一代八郎九郎直良が作成した由緒書（笹野堅『幸若舞曲集』P62」）で、帯刀願いや白人芸（本来、幸若家は戦国武将の末裔であり、芸は本業ではなく素人芸の意味）の主張などが記されている（『朝日町誌Ⅰ』P50）。

幕府に対するこういった内容の願いが通じたのか、それまで武鑑役職名表記「舞太夫」が、宝永二（1705）年を最後に、翌年からは「幸若音曲之衆」、「幸若音曲衆」、更に、宝暦十（1760）年以降は「幸若音曲」へと役職名表記変更がなされているのが『江戸幕府役職武鑑』から読み取れる。

○幸若家の知行地は、

「元禄郷帳」 元禄十五（1702）年（『朝日町誌 通史編』P596）

幸若領		一千百七十五石
幸若弥次郎家	西田中村	三百石
幸若八郎九郎家	西田中村・朝日村	二百三十石
幸若小八郎家	西田中村・朝日村	三百四十五石
幸若伊右衛門家	天王村・宝泉寺村・木津見村・天屋村	二百石
幸若五郎右衛門家	津内村・田嶋村	百石

○『隆光僧正日記』宝永二（1705）年二月廿五日

三の丸（江戸城）へ八郎九郎召され音曲仰せ付けられ、四ツ半時より、笛の巻・敦盛・馬揃これあり。

○『徳川実紀』宝永二（1705）年二月廿五日

けふ（今日）三丸にて幸若音曲聞召さる（常憲院五一6―568）。

○「宝永武鑑」 宝永二（1705）年（『江戸幕府役職武鑑編年集成 6』）

舞太夫　　　　三組一年替り
　一番　　　　幸若弥次郎（十代義智カ）
　　　　　　　同　猪右衛門（十代伊右衛門カ）
　　　　　　　同　三十郎（十代徳左衛門直良カ）
　二番　　　　幸若八郎九郎（十一代直良カ）
　　　　　　　同　彦九郎（十一代八郎九郎の子義矩カ）
　　　　　　　同　与右衛門（十一代直忠カ）
　三番　　　　幸若小八郎（九代直次カ）
　　　　　　　同　五郎右衛門（九代常知カ）
　　　　　　　同　三右衛門（八代安成カ）

○「宝永武鑑」宝永三（1706）年（『江戸幕府役職武鑑編年集成　6』）
　幸若音曲之衆　三組一年替り
　一番　　　　幸若八郎九郎（十二代義矩カ）
　　　　　　　同　彦九郎（十一代八郎九郎の子義矩）
　　　　　　　同　与右衛門（十一代直忠）
　　　　　　　同　伊□□（十一代八郎九郎の子伊兵衛義武カ）

二番

三番

同　左門（十二代與右衛門の子直賢）
幸若弥次郎（十代義智カ）
同　伊右衛門
幸若小八郎（九代直次カ）
同　助九郎（九代五郎右衛門常知）
同　三右衛門
同　傳之助（九代三右衛門家伝之助安利カ）

22　徳川六代将軍家宣と幸若舞

○『徳川実紀』宝永六（1709）年十月一日
御座所にて、幸若の輩をめされ、舞御覧あり（文昭院四7―57）。
○「一統武鑑」宝永七（1710）年（『大武鑑　上巻』）
幸若音曲衆　三組一年替リ
一番　三百石　子年　幸若彌次郎（十代義智）
　　二百石　同　伊兵衛
二番　二百卅石　寅年　幸若八郎九郎（十一代直良）
同　與右衛門
同　伊右衛門
同　三右衛門
同　彦九郎（十一代八郎九郎の子）
同　彌兵衛
同　小左衛門（九代三右衛門家安利カ）

三番　二百四十五石　丑年　幸若小八郎（九代直次）

百石　　　　　　　同　助九郎（九代五郎右衛門常知）

○『徳川実紀』宝永七（1710）年五月七日

奥にて、幸若の謡物を聞し召る。よてそのともがら各時服を下さる。曲は「天平・敦盛・長生殿・鞍馬出・日本記・祝言」等なり（文昭院六7―101）。

《幸若伊右衛門家二百石没収》

○『朝日町誌　通史編』P595の「幸若家の知行地支配」の中で、幸若伊右衛門家は正徳二（1712）年故あって知行二百石を没収され、正徳三（1713）年七之丞（安直）に百石あてがわれたが、明和元（1763）年四月死去、無嗣断絶となっているとある（「辻嘉左衛門家文書」）。

このあたりを武鑑でみていくと、正徳五（1715）年には伊右衛門家の二百石は復帰されていることが確認できる。以後、幸若伊右衛門家二百石（天王村・宝泉寺村・木津見村・天屋村）は、『徳川幕府役職武鑑』の「大成武鑑」天保十（1839）年までは健在である。

○「一統武鑑」正徳二（1712）年（『江戸幕府役職武鑑編年集成7』）

幸若音曲之衆　三組一年替り
一番　二百三十石　三十人ふち
二番　三百石
三番　三百五十石
百石

幸若彦九郎（十一代八郎九郎直良）
同　源兵衛（十一代與右衛門直忠）
同　伊兵衛（十二代八郎九郎義矩）
同　左門（十二代與右衛門直賢）
幸若弥次郎（十代義智）
同　伊右衛門
幸若小八郎（九代直次）
同　助九郎（九代五郎右衛門常知）
同　三右衛門（八代安成）
同　傳之助（九代三右衛門安利）

23　徳川七代将軍家継と幸若舞

○「正徳郷帳」正徳三（1713）年（『朝日町誌　通史編』P596）

幸若領　一千七五石

幸若弥次郎家　西田中村　三百石

幸若八郎九郎家　西田中村・朝日村　二百三十石

幸若小八郎家　西田中村・朝日村　三百四十五石

幸若五郎右衛門家　津内村・田嶋村　百石

幸若伊右衛門家　宝泉寺村・木津見村・天屋村　百石

○「賞延武鑑」正徳三（1713）年（『大武鑑　上巻』）

幸若音曲衆　三組壱年替り

一番　三百四十五石　辰年　幸若小八郎（九代直次）

百石　同　助九郎（九代五郎右衛門常知）

同　三右衛門（八代安成）

同　傳之助（九代三右衛門安利）

二番　二百三十石　巳年　幸若彦九郎（十一代八郎九郎直良）
同　源兵衛（十一代與右衛門直忠）
同　伊兵衛（十二代八郎九郎義矩）
同　左門（十二代與右衛門直賢）
三番　三百石　午年　幸若弥次郎（十代義智）
同　伊右衛門

○「文明武鑑」正徳五（1715）年（『江戸幕府役職武鑑編年集成7』）
幸若音曲衆　三組壱年代リ
一番　未ノ年　三百四十五石　幸若小八郎（九代直次）
百石　同　助九郎（九代五郎右衛門常知）
同　三右衛門（幸若八代安成）
同　傳之助（九代三右衛門安利）
二番　申ノ年　二百卌石　幸若八郎九郎（十一代直良）
百石　同　源兵衛（十二代與右衛門直賢）
同　伊兵衛（十一代八郎九郎直良の子義矩）
同　左門（十一代與右衛門直忠）

三番　酉ノ年　三百石　幸若弥次郎
　　　　　　　二百石　同　伊右衛門
　　　　　　　　　　　同　与右衛門
　　　　　　　　　　　同　小左衛門（十一代三右衛門義信）

○「武鑑」には、この年、正徳五（1715）年から「源兵衛（幸若與右衛門家）百石」の加増が見られる。源兵衛こと幸若十二代與右衛門直賢は、元禄四（1691）年に生まれ、元禄十四（1701）年三月部屋住まいにて召し出され、四月朔日始めて御目見相済左門と改名、宝永八卯（1711）年二月、父である幸若八郎九郎家の分家幸若十一代與右衛門直忠が隠居し、家督を下し置かれる（「清和源氏桃井幸若家系譜」）。

この後、源兵衛（幸若與右衛門家）の「百石」は、享保十七（1732）年の「享保武漢」まで十七年間続く事となる

24　徳川八代将軍吉宗と幸若舞

○『徳川実紀』享保元（1716）年六月廿六日
御継続の拝賀を受けたまふ。・・・落縁にて、舞舞猿楽の徒拝す（有徳院一8―17）。

○『徳川実紀』享保三（1718）年六月三日
此日、幸若等に音曲を命ぜられ、黒木書院に出給ひ、きこしめさる（有徳院六8―117）。

○『徳川実紀』享保三（1718）年六月四日
きのふ（昨日）奏技せし舞々のやからへ、をの〱をの時服をたまふ（有徳院六8―117）。

○「享保武鑑」享保十七（1732）年（『江戸幕府役職武鑑編年集成9』）
幸若音曲衆
一番　子ノ年　三百三十石　幸若八郎九郎（十二代義矩）
百石　同　源兵衛（十二代與右衛門直賢）

同　伊兵衛（十一代八郎九郎直良の子義矩）

同　左門（十二代與右衛門直賢）

二番　卯ノ年　三百石　幸若弥次郎（十二代良直）

二百石　同　伊右衛門（十一代伊之助カ）

同　与右衛門

同　小左衛門（九代三右衛門安利）

三番　辰ノ年　三百四十五石　幸若小八郎（九代直次）

百石　同　助九郎（九代五郎右衛門常知）

同　三右衛門（九代安利）

同　傳之助（九代三右衛門の子）

25　徳川九代将軍家重と幸若舞

○「延享武鑑」延享五（1748）年（『江戸幕府役職武鑑編年集成10』）

幸若音曲衆　越前幸若村住居年代

一番　二百三十石　幸若八郎九郎（十三代直孝）

同　与右衛門

同　次郎九郎

二番　三百石　幸若弥次郎（十二代良直）

同　徳左衛門

三番　三百五十石　幸若小八郎（十代直羽）

同　小左衛門（九代三右衛門家安利）

二百石　幸若伊右衛門

百石　幸若六郎右衛門（五郎衛門家）

26　徳川十代将軍家治と幸若舞

○「大成武鑑」宝暦十（1760）年（『江戸幕府役職武鑑編年集成12』）

幸若音曲　越前幸若村住居年代

一番　二百五十石　幸若八郎九郎（十三代直孝）

同　与右衛門（十三代直員）

二番　三百石　幸若弥次郎（十三代直能カ）

同　徳左衛門

三番　三百五十石　幸若小八郎（十一代直熊カ）

同　小左衛門（十代三右衛門家安重カ）

二百石　幸若伊右衛門

百石　幸若六郎右衛門（十一代五郎衛門家安當カ）

《三河西尾藩の越前飛地に天王陣屋設置》

明和元（1764）年、幸若十一代伊右衛門伊之助の弟（坂田）清直の子。安直（七之

丞）が江戸で病死すると嗣子なかった（『朝日町誌Ⅰ』Ｐ297辻嘉左衛門家文書）ために領地は上知（没収）された。西尾藩二十五・五石、幕府領七十一石に配分され、残りの三・九石は安直の父である（坂田）清直に与えられる。後に清直分は九郎左衛門分となり、宝泉寺村の「厄介」として幕末まで続くと『越前幸若舞を知る100項』Ｐ124にある。

『日本歴史地名大系18 福井県の地名』朝日町欄には、貞享三（1686）年栃川村・田中村・内郡村・上河去村・天王村（天王・宝泉寺・天宝）の一部は、福井藩領から幕府領となったが、明和元（1764）年に西尾藩領となるとある。

貞享三（1686）年閏三月六日、幕府は福井六代藩主松平綱昌の狂気を理由に改易（蟄居を申し渡す）。福井藩を五十万石から二十五万石に減封し残りを幕府領とした。（『藩史大辞典』第3巻）。

さらに、明和元（1764）年六月二十一日、出羽国から三河国西尾藩に入封した松平乗祐《のりすけ》の所領六万石のうち三万六千八百石が（飛地）越前にあり、南条郡十三村・丹生郡四十二村・坂井郡十八村を支配するため、三郡のほぼ中央に当たる天王村に同年八月二十二日天王陣屋を設置し、西尾藩から地方役人を送っている（『藩史大事典』第4巻）。『越前幸若舞を知る100項』Ｐ124には、幸若領地は、宝暦十四（明和元1764）年に領地上知（没収）されたとあるが、『江戸幕府役職武鑑』からみて幸若領石高の変化は見られなく疑問の残る所である。

○「大成武鑑」宝暦十三（1763）年（『江戸幕府役職武鑑編年集成12』）

幸若音曲　越前幸若村住居年代

一番　二百五十石　幸若（十五代八郎九郎）内蔵助（直忠カ）

　　　　　　　　　同　与右衛門

二番　三百石　幸若（十三代）弥次郎（直能）

　　　　　　　同　徳左衛門

三番　三百五十石　幸若（十一代）小八郎辰之助（直熊カ）

　　　　　　　　　同　小左衛門（十一代三右衛門数馬カ）

　　　二百石　幸若伊右衛門

　　　百石　幸若（五郎右衛門家）六郎右衛門

○「明和武鑑」宝暦十四（明和元1764）年（『江戸幕府役職武鑑編年集成13』）

幸若音曲　越前幸若村住居年代り

一番　二百五十石　幸若（十五代八郎九郎）内蔵助（直忠カ）

　　　　　　　　　同　与右衛門

二番　三百石　幸若（十三代）弥次郎（直能）

三番　三百五十石　幸若（十一代小八郎）辰之助（直熊カ）
同　徳左衛門
同　小左衛門（十一代三右衛門数馬カ）
二百石　幸若伊右衛門
百石　幸若（十一代五郎衛門家）三五衛門（安當）

○「明和武鑑」明和二（1765）年（『江戸幕府役職武鑑編年集成13』）
幸若音曲　越前幸若村住居年代り
一番　二百五十石　幸若（十五代八郎九郎）内蔵助（直忠カ）
同　与右衛門
二番　三百石　幸若（十三代）弥次郎（直能）
同　徳左衛門
三番　三百五十石　幸若（十一代）小八郎（直熊カ）
同　小左衛門
二百石　幸若伊右衛門
百石　幸若（十一代五郎衛門家）三五右衛門（安當）

○「天明（1784）武鑑」（『朝日町史』P76）

幸若音曲　越前幸若村住居　年代
一番　二百三十石　幸若八郎九郎（十五代直忠）
同　与右衛門
二番　三百石　幸若（十四代弥次郎）伊三郎（直啓カ）
同　徳左衛門
三番　三百五十石　幸若（十一代小八郎）辰之助（直熊カ）
同　数馬（十一代三右衛門義信）
二百石　幸若伊右衛門（十三代カ）
百石　幸若六郎右衛門（五郎衛門家）

○「大成武鑑」天明八（1788）年（『江戸幕府役職武鑑編年集成10』）
幸若音曲　越前幸若村住居年代
一番　二百五十石　幸若八郎九郎
同　与右衛門
二番　三百石　幸若（弥次郎）伊三郎
同　徳左衛門
三番　三百五十石　幸若（十一代小八郎）辰之助（直熊カ）

同　小左衛門（十一代三右衛門義信）
二百石　幸若伊右衛門（十三代カ）
百石　幸若六郎右衛門（五郎衛門家）

27　徳川十一代将軍家斉と幸若舞

○『徳川実紀』寛政三（1791）年五月廿三日
黒木書院にして、幸若音曲御聴聞あり。幸若（十六代）八郎九郎内蔵丞（直賢）・幸若（十五代）弥次郎伊八郎（直包）・幸若（十二代）小八郎鉄之助（直員）・幸若伊右衛門・幸若（十三代）六郎右衛門（安則）等の幸若大夫が奏した。曲は「天平・松の枝・馬揃・老人・長生殿・山科・十番切・蓬莱節・木曽願書・九穴貝・堀川夜討・那須与一・張良」なり。翌日、音曲をつとめた幸若小八郎ら七人へ時服下される（「文恭院十続」1―154、吾郷寅之進「幸若舞曲研究の課題（二）」P58）。

○寛政三（1791）年辛亥五月廿三日、於江戸御城音曲番組（同五月廿四日写之）、壱番二百五十石、幸若（十六代）八郎九郎内蔵丞（直賢）、弐番三百石、幸若（十五代）弥次郎伊八郎（直包）、三番（三百四十石）幸若（十二代）小八郎鉄之助（直員）、幸若伊右衛門弐百石、幸若（十三代）六郎右衛門（安則）百石、（「半日閑話」）（『朝日町史』P477、『大武鑑　中巻』）。
五月廿三日に将軍家斉が幸若音曲「天平・松の枝・馬揃・老人・長生殿・山科・十番切・

蓬莱節」を聞き、翌日音曲を勤めた幸若小八郎ら七人へ時服が下されている（五郷寅之進「幸若舞曲研究の課題（二）P58」）。

○『甲子夜話』続編巻四四、寛政某年五月廿三日
黒書院にして、幸若音曲小八郎、八郎九郎、辰之丞、（幸若十六代八郎九郎）内蔵丞（直賢）、（幸若十二代）三五右衛門（安信）、（幸若十一代三右衛門）数馬（義信）、（幸若十四代）与右衛門（直吉）。

○『徳川実紀』寛政三（1791）年五月廿四日
きのふ音曲の幸若小八郎始め七人へ時服三或は二賜ふ（文恭院十続1―154）。

○『越前名蹟考』寛政三（1791）年六月六日
常盤邸にて興行、八郎九郎・小八郎・辰之丞・（幸若十二代）三五右衛門（安信）・（幸若十四代）与右衛門（直吉）・（幸若十一代三右衛門）数馬（義信）（笹野堅『幸若舞典集』P155）。

○『越前名蹟考』寛政三（1791）年六月七日
霊岸邸にて興行八郎九郎・小八郎へ晒布三反宛、其余五人（辰之丞・（幸若十六代八郎九郎）内蔵丞（直賢）・（幸若十二代）三五右衛門（安信）・（幸若十四代）与右衛門（直吉）・（幸若十一代三右衛門）数馬（義信）へ同二反宛賜之（笹野堅『幸若舞曲集』P

156)。

○『平日閑話四』寛政三（1791）年六月廿三日

江戸城音曲番組「番場（馬揃）・木曽願書・九穴貝・天下・松枝・老人・十番切・堀川夜討・蓬莱山・那須与一・張良・長生殿・山科・老人」、（幸若十六代）八郎九郎内蔵丞（直賢）・（幸若十五代）弥次郎伊八郎（直包）・（幸若十二代）小八郎鉄之助（直員）・伊右衛門・（幸若十三代）六郎右衛門（安則）（笹野堅『幸若舞曲集』P161）。

○篠本康「聴幸若歌曲記」寛政十三（1801）年一月廿二日

於橋参政所、小八郎（幸若十二代）鉄之助（直員）、助九郎（書寮部蔵『片玉集前集』巻七四）。

○『文化武鑑　役職編』文化元（1804）年〈巻之三〉

幸若音曲　越前丹生郡西田中邑住居

寅卯辰年代り四月参府五月御暇

幸若八郎九郎内蔵丞（十六代八郎九郎直賢）	一番	二百五十石
幸若弥次郎伊八郎（十五代弥次郎直包）	二番	三百石
幸若小八郎鉄之助（十二代小八郎直員）	三番	三百四十石
幸若伊右衛門（十三代カ）		二百石

幸若六郎右衛門（十三代五郎右衛門家安則）　百石

○『徳川実紀』文化十二（1815）年一月廿四日幸若音曲の者、暇下され賜物あり（文恭院五続1―744）。

○『文政武鑑　役職編』文政五（1822）年

幸若音曲

越前丹生郡西田中邑住居

寅卯辰年代り四月参府五月御暇

幸若八郎九郎内蔵丞（十六代八郎九郎直賢）　一番　二百五十石

幸若弥次郎左兵衛（十五代弥次郎直包）　二番　三百石

幸若小八郎鉄之助（十二代小八郎直員）　三番　三百四十石

幸若伊右衛門（十三代カ）　二百石

幸若六郎右衛門（十三代五郎右衛門家安則）　百石

《『江戸幕臣人名事典第二巻』幸若小八郎》

「子四十六歳、高三百四十五石越前丹生郡之内ニ而被下置候、本国生国共越前、文恭院様（第十一代将軍徳川家斉）御代天保元寅（1830）年九月、部屋ニ而被召出祖父小八郎同時ニ奉相勤部屋住御扶持方十人扶持被下置御暇之節白銀十枚被下置候、安政五戊午（1858）年七月二十七日、父小八郎跡式被下置在江戸中四十人扶持被下置御暇之節白銀三十五枚拝領仕候。」とある。

「清和源氏桃井幸若家系譜」から見れば、「天保元（1830）寅年に祖父小八郎同時に奉相勤」に該当する祖父は幸若十二代小八郎直員となり、本人に該当するのは幸若十四代小八郎直堯となる。

《松浦静山『甲子夜話』》

平戸藩主松浦清（号静山1760―1841）が著した『甲子夜話』続編巻之21〔1〕幸若（越前の産）には、「わしの在職のとき見及んだのも、（将軍）年頭の御礼席の着坐も、幸若は観世大夫よりは二間ばかりも上席して居た。」とある。

28　徳川十二代将軍家慶と幸若舞

《小浜藩と幸若五郎右衛門家》

　徳川将軍家慶に仕える幸若（十四代）五郎右衛門（安政）家（敦賀百石）は敦賀の地にあった。伝承によると、敦賀田嶋村（三島町）の幸若屋敷の前では、小浜藩主酒井氏ですら下馬の礼をとったと伝え、浪人や犯罪人でも幸若屋敷に逃げ込むと捕吏も手出しができなかったという。

　『敦賀市史』史料編第一巻に次のような意味の記事がある。小浜藩では古くから（『指掌録』によると享保八（1723）年頃かららしい）地酒の保護のために他国産の小売を領内では禁じていた。これを旅酒停止と言ったが、天保九（1838）年のこと、幸若領の吉右衛門方に酒五升樽四つを持ち込んだ者があった。補吏が詮議に向かったが幸若領とて「麁略《そりゃく》ニ参り候事も難相成」く、代わって月行司二人が幸若領支配頭岩谷次郎右衛門方に参上し、万一、幸若領分中に酒を取り扱う者があった場合には「仲間共へ鳥渡御届ケ」下さるよう申し入れるにとどまったという。岩谷氏は、屋号を岩井屋といい代々治郎右衛門を称し幸若氏の執事をしていたといい伝えられている。

天保十一（1840）年にも同様な事件が発生したが、これも不沙汰に終わっている。また、『敦賀市史』史料編第五巻には、「貞享元（1684）年八月三日市町太兵衛と申者京都之者申合、勧進相撲催興行仕度由願候得共・・・幸若領二而催・・・町人百姓共見物二参候」とあって幸若領は他領で禁じられている相撲興行ができる自由領域であったことが分かる（山本吉左右『くつわの音がざざめいて』P158～228）。

○『徳川実紀』天保十（1839）年三月四日

（将軍家慶）黒木書院へ出たまひ幸若音曲を命ぜられる。溜詰はじめ上直布衣以上皆聴く事をゆるさるる。幸若（十七代八郎九郎）内蔵充（直勝）・（幸若十五代）與一右衛門（吉直）・（幸若十六代與右衛門）源兵衛（直栄）の幸若音曲を聴く。（『愼徳院殿御実紀巻三』、五郷寅之助「幸若舞曲研究の課題（二）」P58）。

○『徳川実紀』天保十（1839）年三月九日

幸若音曲ありしによって、その幸若（十七代八郎九郎）内蔵充（直勝）・（幸若十五代）與一右衛門（吉直）・（幸若十六代與右衛門）源兵衛（直栄）に時服を下さる（愼徳院三続2―378）。

○「大成武鑑」天保十（1839）年（『江戸幕府役職武鑑編年集成26』）

幸若音曲　越前丹生郡西田中邑住居年代
一番　二百五十石　幸若（十七代）八郎九郎内蔵丞（直勝）
二番　三百石　幸若（十五代）弥次郎左兵衛（直包）
三番　三百四十石　幸若（十二代）小八郎鉄之助（直員）
二百石　幸若伊右衛門
百石　幸若（十四代五郎衛門家）靭負（安政）

○幸若伊衛門家二百石（天王村・宝泉寺村・木津見村・天屋村）は、「江戸幕府役職武鑑」によれば、この年が最後で、翌年から無くなっているが、この年まで「幸若伊右衛門家二百石」は健在である。

○「天保武鑑」天保十一（1840）年（『江戸幕府役職武鑑編年集成26』）
幸若音曲　越前丹生郡西田中邑住居
一番　三百石　子午　幸若（十五代弥次郎）左兵衛（直包）
同　三十郎
二番　二百五十石　戊辰　幸若八郎九郎
同　与一右衛門
三番　三百四十五石　申寅　幸若小八郎

同　小左衛門（三右衛門カ）
越前国敦賀郡田嶋村住
幸若（十四代五郎右衛門）紀十郎（安政）
百石

この年から幸若伊右衛門家の二〇〇石は召し上げられ無くなったようである。

○『徳川実紀』天保十三（1842）年十月廿二日
（家慶）黒木書院へ出たまひ幸若音曲命ぜらる、布衣以上々直のともがら聴く事ゆるさるる（慎徳院六続2－473）。

○『徳川実紀』天保十四（1843）年一月廿九日
幸若友次郎（幸若十四代三右衛門友十郎カ）・同（幸若十四代小八郎）左右馬（直尭）・同（幸若十三代）小八郎（直利）・同（幸若十四代五郎右衛門）紀十郎（安政）・同虎蔵いとまくだされ賜物あり（慎徳院七続2－482）。

○『徳川実紀』弘化四（1847）年一月九日
黒木書院へ出たまひて幸若音曲命ぜらる、上直の高家、詩衆、奏者番、布衣以上聴く事をゆるさるる（五郷寅之進「幸若舞曲研究の課題（二）P58」。

○『徳川実紀』弘化四（1847）年正月十九日
黒木書院へ出たまひて幸若音曲命ぜらる、上直の高家、詩衆、奏者番、布衣以上聴く事をゆるさるる（慎徳院十一続2―577）。

○「嘉永五（1852）子年給帳」（「清和源氏桃井幸若家系譜」）、『越前国名跡考』（『朝日町史』P75））

幸若領		一、〇七五石
幸若八郎九郎	朝日村	七六・三三二石
	西田中村	一五三・三六八五石
幸若小八郎	朝日村	一九一・六三一石
	西田中村	一五三・三六八石
幸若弥次郎	西田中村	三〇〇石
幸若猪右衛門	宝泉寺村	八三・八九四石
	木津見村	八・四七石
	天屋村	八・一四五石
幸若五郎右衛門	津内町内（敦賀）	四三・六二二石
	田嶋村（敦賀）	五六・三六八石

29　徳川十三代将軍家定と幸若舞

○『徳川実紀』安政元（1854）年十月廿一日
明後廿三日、幸若音曲被仰付候間、詰合之高家、詰衆、御奏者番、布衣以上の面々可承旨被仰出候間、其段可被達候事、但御用有之面々ハ罷出候ニ不及候事（温恭院続3―226）。

○『徳川実紀』安政元（1854）年十月廿三日
幸若音曲上聴、一、今午上刻黒木書院出御、幸若音曲被仰付け候ニ付、溜詰、同格、詰合之高家、詰衆、御奏者番、布衣以上の御役人承之、相済而入御、但御目黒無之（温恭院続3―227）。

○「公用留帳」（『朝日町誌Ⅰ』P138）
安政二（1855）年卯年正月改
公用留帳　幸若源兵衛　直栄（十六代與右衛門）
覚
高三百四拾五石　越前国丹生郡西田中村朝日村　寅申参府

　　　但在江戸中　四拾人扶持　幸若小八郎（十三代直利）
　無足　但在江戸中　拾人扶持　同　左門
高百石　越前国敦賀郡田嶋村
　　　但在江戸中　拾弐人扶持　幸若紀十郎（十四代五郎右衛門安政）
　無足　但在江戸中　五人扶持　同　五郎一
　無足　但在江戸中　五人扶持　同　友十郎（十四代三右衛門）
高弐百三拾石　越前国丹生郡西田中村朝日村　辰戌参府
　　　但在江戸中　三拾人扶持　幸若歌也（十八代八郎九郎直孝）
　無足　但在江戸中　五人扶持　同　与一右衛門（十五代吉直）
　無足　但在江戸中　五人扶持　同　源兵衛（十六代與右衛門直栄）
高三百石　越前国丹生郡西田中村　子午参府
　　　但在江戸中　三拾人扶持　幸若伊八郎（十六代弥次郎直誠）
　無足　但在江戸中　五人扶持　同　又六郎
　無足　但在江戸中　五人扶持　同　彦二

30　徳川十四代将軍家茂と幸若舞

○安政五戊午（1858）年七月二十七日、父小八郎（幸若十三代小八郎直利カ）跡式被下置在江戸中四十人扶持被下置御暇之節白銀三十五枚拝領仕候（『江戸幕臣人名事典第二巻』）。

○「万延武鑑」万延（1860）元年（『大武鑑中巻』）

幸若音曲　越前丹生郡西田中邑住居

一番　三百石　子午　幸若（十六代）彌次郎（直誠）

同（十四代徳左衛門家）快蔵（良敬）

二番　二百五十石　戊辰　幸若（十八代八郎九郎）民弥（直孝）

同（十五代與右衛門家）與一右衛門（吉直）

三番　三百四十五石　申寅　幸若（十四代）小八郎（直尭）

同（十四代三右衛門家）友十郎

越前敦賀郡田嶋村住居

百石　幸若（十四代五郎右衛門）紀十郎（安政）

○『徳川実紀』文久元（1861）年二月十七日
一大目付御目付江。明後十九日幸若音曲仰付被仰付候間、詰合之高家、詰衆、御奏者番、布衣以上之面々可承旨、仰付候被間、其段可被達候、但御用有之面々い、罷出ニ不及候事（昭徳院殿御実紀）。
○『徳川実紀』文久元（1861）年二月十九日
今巳中刻御黒書院江出御、幸若音曲聴召被候ニ付、高家、詰衆、御奏者番、布衣以上之御役人、詰合之面々、聴聞仰付被之（昭徳院続4―23）。
○『徳川実紀』文久元（1861）年二月廿四日
一今朝上野　孝恭院様御霊前江。為ニ　御名代水野出羽守参拝。
一時服二　　舞々　幸若小八郎（十三代直利）
同壱づゝ　　同　牧之助
　　　　　　同　友十郎（十四代三右衛門）
此度音曲被　仰付候ニ付被下之
銀二十五枚　　幸若小八郎
同五枚づゝ　　同　牧之助
　　　　　　同　友十郎

御暇ニ付被下之（昭徳院殿御実紀）。

○「元治（1864）武鑑」（『朝日町史』P77）

幸若音曲　越前丹生郡西田中邑住居

一番　三百石　幸若（十六代）弥次郎（直誠）

同（十四代徳左衛門家）快蔵（良敬）

二番　二百二十石　幸若（十八代八郎九郎）民弥（直孝）

同（十六代與右衛門家）與一右衛門（直栄）

三番　三百四十石　幸若（十三代）小八郎（直利）

同（十四代三右衛門家）友十郎

越前敦賀郡田嶋村住

百石　幸若（十四代五郎右衛門）紀十郎（安政）

31　徳川十五代将軍慶喜と幸若舞

○『徳川実紀』慶応二（１８６６）年十二月四日
舞々小八郎倅、幸若鎌蔵、御扶持方十人扶持被下之、右被仰付旨、於躑躅《つつじの》間、若年寄中出座、信濃守申渡之（慶喜公続５―１００）。

○「大武鑑」明治元（１８６８）年（慶応四年）（『大武鑑　下巻』）
幸若音曲　越前丹生郡西田中邑住居　年始御禮

一番　三百石　子午　幸若（十八代八郎九郎）歌也（直孝）
同（十六代）與一右衛門（直栄）

二番　二百三十石　戌辰　幸若（十六代弥次郎）伊八郎（直誠）
同　彦次（徳左衛門家カ）

三番　三百四十五石　申寅　幸若（十三代小八郎）官次郎（直利）
同　重（充）蔵（三右衛門家カ）

越前敦賀郡田嶋村住
百石　幸若（十四代五郎右衛門）紀十郎（安政）

32　幸若家一族は三番交代で江戸出府

江戸時代、幸若家は幕府から越前に約一千石の知行地（領地を支配する領主権）を与えられ、幸若弥次郎家（上出家）・同八郎九郎家（北家）・同小八郎家（南家）の三家に分れていた。後に分家が加わることとなっても、毎年三家交替で江戸に出府し、出府中は扶持（給料）を支給された。家格は直参旗本同格若年寄支配である。

《徳川幕府からの幸若家知行の過程》

徳川家康は、関ヶ原戦勝利の（1600）年、新ためて越前にある幸若領、幸若弥次郎家三百石・同八郎九郎家二百三十石（『朝日町史』P572）を与えるとともに、翌（1601）年、幸若小八郎家三百四十五石（この年越前北ノ庄領地に初めて入った結城秀康からの黒印状）を与え、さらに大坂夏の陣の（1615）年には幸若伊右衛門家に越前（北ノ庄）二代藩主松平忠直より二百石賜わる。「生保郷帳」（生保三（1646）年）には、幸若四家で幕府幸若領合計一千七十五石と明記されている。その後、万治三（1660）年には、敦賀幸若五郎右衛門家百石加増により幸若四家から幸若五家の知行となり、正徳二（1712）年に幸若伊右衛門家の二百石は没収されたが、「文明武鑑」正徳五（1715）年には、幸若伊右衛門二百石が再度認められ、（幸若與右衛門家）源兵衛百石の加増もあり幸若六家の知行となった。源兵衛百石は「享保武鑑」享保十七（1732）年まで続いたものの、翌年上知（「享保武鑑」）されたようで、幸若五家の知行となっている。その後幸若伊右衛門家が天保三（1839）年「大成武鑑」まで続いたが、上知され、幸若弥次郎・同八郎九郎・同小八郎・同五郎右衛門家の四家での知行にて明治の上知を迎えることになる。

《幸若家は江戸屋敷を置き三番交代で出府》

西田中村周辺には幸若三家それぞれの屋敷、宝泉寺村には幸若伊右衛門家の屋敷、敦賀田嶋村には幸若五郎右衛門家の屋敷があった。

越前から江戸へは、一番・二番・三番に分かれ、幸若弥次郎家・同八郎九郎家・同小八郎家の幸若三家が代わる代わる出府しており、天保十一（1840）年の「天保武鑑」をみれば、一番は子年と午年に、二番は戌年と辰年に、三番は申年と寅年にて四月に参府五月にお暇にて勤めており、これは幸若家全体でみれば隔年に出府したことになり、その後、幸若三家の他に幸若伊右衛門家が加わり、弥次郎家の分家として徳左衛門家が、八郎九郎家の分家として與右衛門家が、小八郎家の分家として五郎右衛門家と三右衛門家も加わり出府している。幸若三家が四家、五家が六家に分かれても、やはりグループ分けは一番二番三番までしかなく、この三番のグループで出府し任務に就いていた。

《越前の幸若家各屋敷》

幸若各家には用人・台所役人・代官役、領内の処務を取り仕切る支配頭もおかれていたらしい、徴税担当機関を「台所」、担当者を「台所支配人」もしくは「台所役人」と呼び、支配下の各村に村役人として、「庄屋」・「長百姓」・「惣百姓代」を置いて収納事務などを取り扱いさせたことは他の領主と同じである（『越前幸若舞を知る100項』P81・1131・146）

また、いずれの幸若屋敷内にも稽古舞台がありその中で歴代の幸若大夫が技を磨いた。敦賀幸若家の屋敷は当地では幸若屋敷と呼ばれていたという。

明治以降これらの屋敷については、幸若小八郎家の屋敷跡が一部朝日村役場となり、その周囲数軒の敷地に及ぶものであった。八郎九郎の屋敷跡は朝日小学校となり三反の面積をほこる。住人を失ったこの八郎九郎家屋敷の建物は、その後、宝泉寺区に移築され一時は丹生実科女学校の寄宿舎として利用されている。弥次郎家の屋敷跡は、「孝久与四郎氏屋敷から孝久治右衛門の屋敷までの間にあった」という。この弥次郎家屋敷地内の池の中島には、小さな祠、稲荷社があって、毎日油揚げを供えられたと伝えられていたが、この稲荷社は現在、地元白山神社境内に移され祀られている（『越前幸若舞を知る１００項』Ｐ94・１５３・１６１）。

五郎右衛門家の敦賀屋敷地内の庭園は、現在、敦賀市指定文化財となってその遺構が残されている。また、伊右衛門家の宝泉寺村での屋敷に関する記録は不明である。

33　幕府の幸若支配担当は

《稲葉正勝と太田資宗、継いで久世広之》

寛永十（1633）年三月二十二日にはいわゆる六人衆（後の若年寄）が幕政を合議し、小事については取り計らうよう命じられ、やがてそれぞれの分担が決定され、同年四月十九日には稲葉丹後守正勝（1597―1634）と太田備中守資宗（1600―1680）とが猿楽・舞々・座頭・碁・将棋を分担するよう命じられた。後の若年寄りの幸若家支配はこれが先例となって制度化された。この稲葉正勝と太田資宗は、ともに家光の親衛隊である小姓組の番頭を経験していて、特別の君寵によって取り立てられた人々だが、彼等と将軍との主従関係は太郎冠者的主従関係で結ばれており、この点では幸若家と将軍との主従関係と同様に人格的な関係を基盤としていたと思われる。また、これらの側近たちと幸若家とは、支配被支配の関係とは別に人格的な親密さをもって交際していたことは幸若家に伝存する太田資宗の書状からも推測される。稲葉正勝が死去、太田資宗も同年若年寄りを退き奏者番となった。

太田資宗に継いで幸若支配を担当したのは久世で、久世広之（1609―1679）は八歳で秀忠の小姓となり秀忠死後家光の小姓も務め、寛文三年には老中となった。久世広之は幸若舞を愛好し幸若一族の者とも親しく交際していた。桃井久直家には久世広之の幸若七代小八郎安林（虚白）宛書状が四通伝存している（『朝日町誌Ｉ』Ｐ99）。虚白宛書状には、「子供稽古之段忘却無之由誠以感入候、家業おこたり候てハ、生きてかいなき事候」等、江戸の流行病の状況、音曲家業への激励、最近見た舞の批判などであり、虚白の死後には小八郎直林に、「亡父末期まで家業無間断候事は子孫相続之心得たるべく候間喪中候とも五衛門（五郎右衛門）・三左エ門申合専一候」と激励している（山本吉左右『くつわの音がざざめいて』Ｐ179）。

《久世広之公も幸若音曲は唐物なりと御信仰》

『幸若系図之事』には、虚白老（幸若七代小八郎安林）音曲、盃の上にて一節曲又詰・読み物など一人にて勤しは、中々呉竹（幸若五代小八郎吉信）・白也（幸若六代小八郎安信）之名人は知らず、近代聞し中の古流にも無之、堪能の曲とも多し、然とも一番曲になりては調子高すぎ、脇・助音も続きかね、ひたと高音之所はすかし云れし故、側よりあくみたる様に聞えし也、寛文五（1665）年之比、森川（重名）下総守殿にて近代の小八（幸若八代小八郎直林）脇にて満仲を聞しに、右之如く也、又同年ノ冬、下総守殿にて敦盛を一番、（幸若七代小八郎安林）虚白老して近代の小八脇、自分もツレにて云しも、本にて脇・ツレも続きかね、ひたとすかして舞い給う、是始調子高く勢過る故、末にて位ぬけ如此、又（幸若六代小八郎安信）白也老・（幸若六代庄兵衛家少兵衛）正信公音曲、御聞有し旗本衆の物語有しは、名人小八郎など、音曲始はいかにも調子低く半より次第に能調子にかゝり、末にては十分の位に終りたる由、名人故我声の程をよく知、・・・久世広之（1609—1679）公も虚白（幸若七代小八郎安林）音曲は唐物なりと御信仰被遊し也とある。

《幸若一家の御支配松平因幡守・石川美作守》

『幸若系図之事』には、殊更寛文十一（辛亥1671）年十一月三日、幸若一家の御支配松平民部（氏信1613—1683）殿へ被召寄、鈴木喜左衛門殿・狩野法眼永真・同右京・同婿洞雲（益信）、其外御坊主珍阿弥数輩聴聞にて十番切・馬揃、御聞音曲の間三度又終りても兼而聞及しより達者成音曲程拍子まで残所なく扨々いハう様もなきと殊外成御ほめ也。

宮内庁書陵部所蔵『幸若節付下』附載「幸若家伝」（笹野堅『幸若舞曲集』前掲書P58）には、「御先代延宝三年先祖書被仰付松平因幡守殿石川美作守殿迄奉書上候」とある。

『明良帯録』の「世職」幸若音曲の条に「若年寄り支配なり」とある（笹野堅『幸若舞

曲集』Ｐ58）これによって松平、石川の両名が当時若年寄りの地位にあったことがうかがわれるが、松平因幡守信興と石川美作守乗政とは、ともに延宝七（１６７９）年七月から天和二（１６８２）年三月まで若年寄りの職にあった（『徳川実紀』『読史備要』）。（五郷寅之助「幸若舞曲研究の課題（二）」Ｐ60）。

34　幸若家での武術の研鑽

戦国武将を先祖とする幸若家の周辺には火薬の匂いもただよっていて、敦賀幸若家の裔、桃井雄三家には今日も武芸の伝書を伝え、幸若八郎九郎家は戦国期に丹羽長秀の軍団組織に加わって水野太郎左衛門組に属していたこと、さらに一般的にいって、武器・煙硝の調達、軍事輸送の確保、その他の必要から戦国大名が動員していたことを考え合わせると、幸若家は戦国期より音曲以外にも武術や火薬調合使用技術などを伝えていて、将軍家光が幸若七代小八郎安林を側近く召した背景には、このような戦国期以来の同家の伝統がまだ息づいていたのかも知れない。

幸若十四代小八郎直克の著した系図の添書（笹野堅『幸若舞曲集』P180）に、幸若七代小八郎安林は「弓馬之達人也、将軍家光公御上洛供奉、其後御疱瘡有之、山川検校ト安林両人、上意ニヨリ百日御伽、然安林五十日相勤、有痲疾之憂、賜御暇加医療中、密於堀三左衛門宅酒宴、此事達上聞百日閉門、後蒙、免許」とある。家光の疱瘡は、乳母の春日局が薬・針灸断ち快復を祈ったので有名だが、これは寛永六（1629）年のこと。

また、『幸若系図之事』（笹野堅『幸若舞曲集』P197）に、この頃までの虚白老（幸若七代小八郎安林１６０６―１６５６）廿七歳にて、白也老（幸若六代小八郎安信１５６８―１６３２）御死去之時分迄は、虚白（幸若七代小八郎安林１６０６―１６５６）は「殺生酒宴遊興のみにてしかじか音曲の執行もなき処に、白也御卒去已後、名人之子と云る。」と伝える。「殺生」とは狩猟の意だから、家光がたびたび行った狩猟に幸若七代小八郎安林も供奉したのかも知れない。敦賀幸若屋敷内には馬場があった事が確認されている。

『幸若系図之事』に島原の乱に従軍した幸若三之丞が橋爪作兵衛組に編入されたことが見えるが、「島原記」にも幸若三之丞の名が見え、橋爪作兵衛組は薬（火薬）奉行であったことが知られる。

諸武芸の免許を得た幸若家の者も多く、幸若屋敷内には鉄砲場を設け（『越前幸若舞を知る１００項』Ｐ１０４）、敦賀幸若屋敷に馬場があった事が確認されている（山本吉左右『くつわの音がざざめいて』Ｐ１６８）など武芸との関わりが深い。

幸若家での武術研鑽の結果としての次の武芸免許がみてとれる。

一、「田中弥三郎家文書」明和五（１７６８）年五月、弓術（吉村主馬政峯）免状、（幸若十五代八郎九郎）桃井民弥（直忠、二十七歳）（『越前幸若舞を知る１００項』Ｐ１６３）。

一、「田中弥三郎家文書」文化二（1805）年三月、馬術（国沢岩太郎苗稚）免状、（幸若十六代八郎九郎）桃井内蔵助（直賢、四十歳）（『越前幸若舞を知る100項』P164）。

一、「桃井久直家文書」文政五（1822）年九月、「稲留流砲術秘伝書奥書」免状、（幸若十二代）桃井小八郎（直員）、同（幸若十三代小八郎）官次郎（直利）（『朝日町誌Ⅰ』P103）。

35　橋本佐内と幸若家

『幸若系図之事』を書いた幸若八代庄大夫長明の弟長徳の系列の中に、幕末の志士として名をはせた橋本左内（1834―1859）がいる。

左内は変名を桃井伊織ともいい、元をたどれば幸若大夫初代桃井直詮の子孫である。福井藩主の松平慶永（春嶽）に認められ藩政改革の中心となるなど安政の大獄事件の一人として歴史上著名な人物である。

橋本家の呼び名の由来は、幸若八代桃井長徳（1643―1709）が福井藩医となったときに、母方の橋本家を名乗ったことから始まったもので、その後も橋本家は歴代、福井藩医を勤めた家系である。幸若初代桃井直詮は桃井姓から幸若姓を名乗り出した由来は、幸若家の記録には「武をもって立った桃井の姓を名乗るのをはばかり、幸若の二字をもって姓とする」と書かれている。武をもって立った桃井家とは、足利尊氏と対立した弟足利直義党の中心的武将越中国守護桃井直常のことであり、以後一族の一部を除いては幸若の姓を名乗っていたが、明治維新以後は一族の大半が桃井の姓に復している。

橋本左内は、越前藩主松平慶永（春嶽）に仕え、名を綱紀、字は伯綱・弘道、通称を左内といった。号は藜園、また宋の岳飛を慕って景岳とも号した。天保五年三月十一日、福井藩医橋本彦也長綱の長男に生まれる。父長綱は紀州の華岡青洲に入門して西洋流外科を学び、文政二年に表外科となり西洋医術に精巧なことで高く評価されたが、自らの晩年を反省し、長男左内には十六歳になるとその研修のために大坂に私学留学をさせた。

左内は嘉永二年、緒方洪庵の適塾に入門し蘭方医学を学んでいる。同年五月父の死去により家督二十五石五人扶持を相続し表外科医となっている。しかしながら左内は家業よりも政治を志し、日頃から友人達に「人間の病体を治療する中、小医よりも天下国家の病根を治す大医でありたい」とその抱負を述べている。

安政二（1855）年、福井藩では藩政改革の一環として藩校明道館を創設している。翌三年左内は側締役鈴木主税の推挙によって同館の蘭学科掛に起用され、同四年一月には学監同様心得に抜擢されて事実上の藩校の責任者となっている。左内は空理空論を否定し実学の精神に基づく学校運営を実践したが、その顕著な事例として洋書習学所を開設している。

安政四（1857）年八月には藩主松平慶永（春嶽）の侍読兼内用掛として帷幄に参加し国事に専念することになった。同年十月、左内は医員を免ぜられ家業は末弟の綱常が継承した。国事に関わった左内は幕政の改革を目指す藩主を補佐して当面の政治的重要課題である将軍継嗣運動の周旋に努めた。左内は英明な将軍を中心として封建的統一国家を再編し、積極的に開国と外国貿易を促進する事を構想していた。

当時の国内の政治状況は、松平慶永など一橋慶喜を擁立して幕政改革を志す一橋派と、井伊直弼等紀州の徳川慶福を押して旧来の幕閣専制に固執する紀州派とが鋭く対立していた。このころ薩摩藩島津斉彬の腹心として慶喜擁立に活躍した西郷隆盛と知り合い、西郷をして「我同輩においては橋本景岳（左内）に服す」といわしめたほどの俊才であった。

安政五（1858）年六月、大老に就任した井伊直弼が徳川慶福（家茂）を将軍世子に決定したことで一橋派の政治路線は敗退した。翌年七月藩主松平慶永（春嶽）は隠居謹慎を命ぜられる。このため左内の政治活動も封じられ、翌安政六（1859）年十月七日、幕府の処分が決定し享年二十六歳で斬罪に処せられた（『越前幸若舞』P61）。

文久二（1862）年十一月、橋本左内御赦免、回向院に墓石が立つ。文久三（1863）年五月松平春嶽の命により、橋本左内の遺骨を善慶寺（福井市左内町）に改葬。明治十一（1878）年、天皇陛下、北陸御巡幸の節、橋本左内の菩提寺に金二十円を下賜。明治十八（1885）年、天皇陛下橋本左内の石碑建設を聞し召され金百円を下賜。明治二十二（1889）年十一月二日、橋本左内靖国神社に合祀される。明治二十四（1891）年橋本左内正四位を追贈される（『越前幸若舞を知る100項』P212）。

36 幸若諸家の菩提寺「龍生寺」

福井県丹生郡越前町西田中にある曹洞宗龍生寺は普門山と号し本尊は釈迦如来である。宗生寺（武生）の末寺であった。寺伝によれば文正元（1466）年、一乗谷初代朝倉孝景（敏景1428―1481）が一傳喜訓大和尚について参禅したのでその奉謝のため、境内屋敷を左々生村に創建された。「大野領寺社記并雑記」に文明十二（1480）年、十月日付朝倉孝景寄進の龍生寺領総目録、慶長八（1603）年四月四日付笹治大膳判物など数点を載せる（『福井県の地名　日本歴史地名大系18』P360）。

宝暦六（1756）年に佐々生村龍生寺の本堂大殿を再建しているが、その後に著しく破損し、明治二十九（1896）年に現在地である末寺の宝泉庵跡に移築した。寺には、幸若桃井小八郎家の総墓があり文化元甲子（1804）年六月、桃井（幸若十一代小八郎）直熊建立の刻のある墓石と左右に墓石がたっている。寺の本山は永平寺である。

佐々生の旧龍生寺跡の裏山には桃井幸若家歴代の桐紋と共に足利一族の丸に二つ引き紋のついた墓地があり、幸若小八郎家の総墓ほか「享和二（1802）年、壬戌正月四日桃井数馬（幸若十一代三右衛門）義信」の銘の刻まれたものなど総数三百五十二其の石造物のうち三分の一は幸若家に関わるものである。龍生寺旧墓地は現在でも数多くの石塔や石物が立ち、平成三（1991）年、朝日町指定文化財となっている（『朝日町誌Ⅰ』P362、『越前幸若舞を知る100項』P143）。

「龍生寺」は幸若諸家の菩提寺であり、当寺の諸仏像や欄間など仏具の多くは歴代幸若諸家によって寄進された物である（『越前幸若舞を知る100項』P111、134）。

一　享保六（1721）年、幸若九代小八郎家直次が父幸若八代小八郎家直林の供養として、宝泉院（現龍生寺）本堂隣薬師堂に、への字形板を吊りバチで叩いて音を出す大型磬（けい）を寄進。

一　本堂中央の欄間に、「御寄進、宝暦二（1752）年七月一日、幸若（十一代伊右衛門家）七之助（坂田清直）初面細工彫」とある。

一　宝暦五（1755）年に幸若十代伊右衛門伊之助（宝泉寺知行百石）の息坂田（姓、幸若十一代伊右衛門家）七之助清直が親の五十周忌大願修に本堂天上の天蓋を寄進。

一　宝暦六（1756）年、大殿（佐々生村の龍生寺本堂）再建の時の龍生寺所蔵の寄進札に、幸若諸家ゆかりの人々のもので敦賀幸若家を含め幸若諸家十家がその名を連ね、金子、材木などを寄進した際の木札、そのほかにも地元及び他寺社よりの木札も見られる。

一　旧大扉四枚、中央二枚に幸若小八郎家の紋である「五三の桐」の大紋が、両端二枚には足利一族の定紋「丸に二つ引き」が施される。かつては、この四枚の大扉が観音開きであったが、現在は改築のため外されている。
一　天明二（1782）年に幸若十一代小八郎直熊が、父幸若十代小八郎直羽の三十回忌供養のため達磨大師像（釈迦本尊の背後に配置）を寄進。
一　文化元（1804）年に幸若十一代小八郎直熊、旧龍生寺幸若関係墓所に小八郎家総墓を建てる。
一　天保十一（1840）年に幸若十二代小八郎直員が母の十七回忌供養のため、達磨大師像の反対側隅に配置された日本曹洞宗の開祖承陽大師（道元）像を寄進。
一　安政五（1858）年に幸若十三代小八郎直利の室たきが先祖の供養のため、宝泉院（現　龍生寺）門前に宝篋印陀羅尼経」を安置するための宝篋印塔（石搭）を寄進。なお、この石塔については平成九年に幸若十七代小八郎家の桃井龍一が一部修理している。

37　幸若家による寄贈

《幸若大夫寄贈の三十六歌仙絵馬》

福井県鯖江市水落町「神明社」に、市指定文化財の岩佐又兵衛勝以作と伝えられる三十六歌仙絵馬がある。「神明社」は、中世以来、諸武将の崇敬を集めて栄え、一乗谷城主朝倉氏や豊臣秀吉、福井藩主結城秀康らの社領寄進が伝えられる。社宝には、神鏡や三十六歌仙額、天文三（1534）年の朝倉氏文書などがある。

三十六歌仙絵馬の裏面には「幸若（六代）小八郎（安信）大夫寄進、慶長十四（1609）年己酉正月十六日」とあり、神明社に「三十六歌仙絵馬」を奉納したものである（『越前幸若舞』P175）。

この「歌仙絵馬」は歌仙として崇められた優れた歌人小野小町、在原業平、紀貫之、柿本人麿ら奈良平安時代の三十六人の肖像を描いたもので、それぞれの代表歌も書き添えられている。歌仙絵は、歌道の興隆や肖像画の発展と結びついて、平安鎌倉期以降に数多くの作品が生まれているが、これら歌仙崇拝は平安時代中期歌道の発達とともに盛んになったものである。一方では自己の歌道上達を祈願し歌仙絵を奉納する風習も生まれた。

神明社は、鯖江市水落の北方、烏の森に鎮座する。往昔は鯖江市下河端の東、湯の花山にあったものを大治四（1129）年に越前国押領使国貞の祈願により当地に遷座したと伝えられている。神明社には数々の文化財が所蔵されている。中でも幸若家寄贈の三十六歌仙絵馬は特に貴重な宝物で、その形態は縦49・2センチメートル、横35・5センチメートルである。一時期、神社の拝殿などに掲げられていたため一部風雪による汚れが有るものの全体的には色彩もよく保存状態は良好である。当初は三十六枚作成されたが、現在はその内の二十八枚が遺っている。

この絵馬の寄進者は幸若六代小八郎安信で、家運繁栄を願って寄贈したものである。絵師の岩佐又兵衛は、桃山時代から江戸時代にかけて京都・福井・江戸において活躍し多くの優れた作品を遺している。又兵衛は戦国武将荒木村重の子として天正六（1578）年に生まれている。又兵衛は京都に赴き画家となり、四十歳の頃、福井越前藩主松平忠直・忠昌に仕え、二十年余りを越前で過ごしている。寛永十四（1637）年には徳川三代将軍家光のお抱え絵師となる。又兵衛が活躍していた時代は狩野派が主流であった。又兵衛は自ら土佐光信末流と称している。土佐流派、狩野派など諸派の影響を受けながらも自由な立場で独特の画風を確立していった。又兵衛の作風も、かつて過ごした京都の文化を主体とし、常に和漢の古典に題材を求めるという独特の画風がみられた。このことは神明社

の三十六歌仙絵馬にも窺うことができる。（『越前幸若舞』Ｐ１３６）

幸若六代小八郎安信は、幼名が久八郎後小八郎を襲稱し到仕して白也と號す。實は幸若五代小八郎吉信の弟なり（後に吉信の子となる）。弱冠より織田信長に仕え後、豊臣秀吉に轉奉す。

或日秀吉放鷹の時供奉を爲せしが偶其の駕まえに於て狼藉せし者あり乃ち奮進して獨力之を手捕せしかば秀吉其の功を賞して貞利の銘刀を賜ひ後、又八島合戦を描ける屏風一雙并為盆家眞蹟古今和歌集一部を贈らる蓋此の屏風は其の先祖桃井直詮が白山に於て「八島軍」の音節を咸悟したるに因めるなり。

更に徳川家康に仕かへしが某年家康八十八夜の間一夜も懈怠なく熱心に幸若音曲を稽古し居りしが一日安信に謂て曰く。

「小八郎の音曲を一方に据え置かば縦ひ天下の諸藝者をして馳駆せしむるとも恐くは敵する者なからむ」

と益々之を愛重して止ます度度扇子を與へられ且馬・轡・鞍・鐙等の恩恵ありき又嘗て安信が秀吉に随行せし時狼藉者を捕獲したる談を聞き大に其の強力を嗟賞せしと云う而して安信参勤の節は年限の外に音曲を以って昵懇を辱ふせしこと多く殊に暇を賜ふて帰国せし際の如きは常に驛馬を賜ふて優遇浅からざりしが六十五歳を以て寛永九（１６３２）年六

月十八日に瞑せり。法謚を徳應院宝翁全空居士と稱す。（山田秋甫『丹生郡人物誌』）

また、鯖江市西大井町の専蓮寺に（「寺伝」）、享和二（1802）年、幸若十一代小八郎直熊が、山門を寄進。寄進は高額なもので、現在の価格に換算するのは難しいが、専蓮寺の山門は約一千万円にのぼるという（『越前幸若舞を知る100項』P111）。

その他、幸若十四代小八郎直尭が文久三（1863）年六月に越知山大師堂前に福井の駒屋と対での灯籠寄進がおこなわれている（「清和源氏桃井幸若家系譜」）。

《幸若八郎九郎家による朝日観音堂梵鐘奉納》

元禄四（1691）年に幸若第十一代與右衛門直忠（1648―1728）が朝日観世音厨子を建て寄進。

幸若十一代八郎九郎直良が、元禄五（1692）年、丹生郡朝日村の観音堂に梵鐘を奉納し、その梵鐘に幸若家の由緒とともに幸若領内の霊場観音堂の縁起などを銘文としてきざみつけた。

梵鐘の治工は加賀前田家お抱えの釜師として有名な宮崎彦九郎義一（初代寒雉）と同彦三郎義治（二代寒雉）であった。

○　朝日観音堂梵鐘銘文

「奉納　元禄五（1692）年壬申春二月令辰　桃井嫡裔　幸若（十一代）八郎九郎直良（四十五歳）」。

この梵鐘には貞享三（1686）年と元禄五（1692）年の年紀も筆跡も違う二つの銘文が何れも陰刻されている。

銘文の一つ目には、貞享三（1686）年に坂北郡下久米田村（丸岡町）の真言宗君久山日光寺不動院の梵鐘として住持快秀が浄財を集めて鋳造したもの。

銘文の二つ目には、幸若十一代八郎九郎直良によって元禄五（1692）年、朝日観音堂の梵鐘として寄進された物で、西田中村・朝日村の知行地は桃井直常の「嫡裔」幸若（八代八郎九郎）義門が神大君（徳川家康）から賜わって以来、その子孫が相継いで両村の領主となってきたこと、その「桃井嫡裔」（幸若十一代八郎九郎）直良が朝日観音堂に梵鐘のないのを残念に思い奉納したものであることなどが強調されている。

この朝日観音堂は、真言宗東寺派福通寺で群栄山長福院と号し、本尊大日如来。朝日観音堂の別当寺であったが、現在は観音堂を合併し、本尊千手観音立像（県指定文化財）を本堂に安置する。観音堂は古来朝日・内郡両村で護持されてきた。「越前国名跡考」には「往昔泰澄大師開祖ナリ。立樹ヲ其儘作り給ふ御長六尺許ノ観音ノ立像也。彫刻の節朝日照ラス耀トシテ尊像ノ眉間ヲ照ラス事、常時ニ異ナルヲ以、朝日堂ト号シ、又其在所ヲモ朝日村とイヘリ」と記す（『福井県の地名（日本歴史地名大系18）』Ｐ３６０）。福通寺の寺伝には当寺はもと観音堂下の平地にあり、元禄十五年火災により焼失したこと、その後同地に再建され、明治四十二年に現在地に移転したことなどを伝えている（『朝日町誌Ｉ』Ｐ３５６）。

近年さらに、幸若十七代小八郎家の桃井龍一も小さな梵鐘を寄贈している。（「清和源氏桃井幸若家系譜」）。

38　幸若大夫の後継者育成

『幸若系図之事』には、如滴公（幸若五代少兵衛正利）御隠居以後御閑隙故、一家の若童に音曲訓給ふ。

（幸若六代小八郎）安信の惣領七九郎後の（幸若七代小八郎）安林・（幸若六代庄兵衛正信公の長子小万後の（幸若七代庄兵衛）長氏公・（幸若八代小八郎家）喜之助（安成）之次男（幸若九代三右衛門家）小源太（成征）・同弟の（幸若九代三右衛門家）三之丞（直羽）一組、亦（幸若十代八郎九郎重信の号）柳也、八郎九郎若輩之時（幸若十一代八郎九郎家）次郎九郎（直良）・同（重信柳也）弟（幸若十代八郎九郎家）十助（政光）後の斉藤彦右衛門・（重信）柳也脇を勤し仁右衛門・彦兵衛、此外八九（八郎九郎）一家之子供一組、又虚白老（幸若七代小八郎）安林・舎弟亀之助後の六左衛門（安清）・幸若六代小八郎安信之娘壻栃川村西野又左衛門善立入道の弟（西野）忠兵衛の子供幸若八左衛門・同弟彦次郎後権左衛門・（幸若六代小八郎）安信之（長女）娘壻の幸若（七代）治兵衛（坂田光治）の養子聟（幸若八代）九郎左衛門（幸若八代八郎九郎義門の孫）一組、其外加州（加賀国）より音曲稽古之者四、五人も来、一日之間朝昼晩次第を定め段々に指南有て・・

然間如滴公をば老功之大老故、在所中ぢい様とて少童までも恐尊敬いたせしよしとある。

隠居後に幸若五代少兵衛正利（如滴公）は、一族に音曲を指南した。三組二十名の名が記録されており、宝泉寺幸若諸家と西田中幸若三家の関わりを示す貴重な史料である。

一日を朝昼晩の三回に分けて指導を行っている。合間には「舞の本」四十二曲を二部作成し、幸若六代庄兵衛家正信と幸若六代伊右衛門家祖教信に授けていることが分かる。続けて「如滴公（幸若五代庄兵衛家少兵衛正利）をば老功之大老故、在所中ぢい様とて少童までも恐尊敬いたせしよし」とあり、宝泉寺村で最長老（七十九歳）の老人が幸若舞の普及発展に尽力している様子がうかがえる。（『越前幸若舞を知る１００項』Ｐ１１８）

39　打波家と幸若舞の語り台本

地元越前の打波六兵衛家には、天明六（1786）年の幸若舞の語り台本「舞の本（打波家本）」が伝わる。三十六曲三十六冊のうち二十八冊が現存し、福井大学付属図書館蔵の二冊は打波家の所蔵品であった。かって、源豊宗氏が打波本を調査するために来町した。「福井新聞（昭和五十二年四月十日）」の記事、（『越前幸若舞を知る100項』P128）

明治時代初め東京から訪れた歴史学者が三十一冊あった原本を持ち帰ったままになっていたが、文豪幸田露伴の口ききで二十八冊だけ帰ってきた。（中略）幸若舞の節まわしをしるした「祝言小節、五長、全」の貴重なものや軍記物中心に二十八冊ほとんど傷もなかった。（中略）幸若舞の種本を写し取った原本に間違いない。桃井氏直筆の祝言小説の内容を辿って行けば、格調高く明るい節まわしの幸若舞を復元できるはず。

打波家というのは、幸若八代八郎九郎義門の三女が坂田五兵衛に嫁ぐ。生まれた長男が幸若七代（坂田）治兵衛光治の長女に婿入りし幸若坂田家を継ぎ、幸若八代九郎左衛門となる。水戸藩百五十石で幸若坂田家は丹生郡宝泉寺村に屋敷があった。

また、九郎左衛門の弟、六兵衛が越前大野打波村住後西田中住、水戸藩百五十石、幸若（打波）六兵衛となる。これが幸若打波家である。（「清和源氏桃井幸若家系譜」）

地元打波家については、幸若舞研究者の日本女子大学教授麻原美子氏が平成五（１９９３）年に朝日町を訪れ、打波家屋敷の前に立った際に、「地霊を感じた」との感想を述べられ、さらに、行き詰っていた仕事が一挙に解決できたという不思議な体験談を話されている（『越前幸若舞を知る１００項』Ｐ１２８―１８７）。

40　将軍家崩壊とともに消滅する幸若舞

幕府は、幸若家の扱いを武士の特権として帯刀を許し、他に対してはこれを禁じて武士という支配者身分を確定しようとした。幸若家は本阿弥などと同様に江戸時代初期より幕府内に一定の職掌を得て知行も受けていたから幕府に直属し、その知行地を支配している支配者身分ともいえる。しかし天保三（1832）年の帯刀禁止によって幕府お抱えに位置づけられたのである。この時、幕府お抱えの刀剣鑑定人本阿弥家なども帯刀を禁じられている。幸若家は扶持人ではなく幕府直属の旗本同格の知行持であったが、この禁止令が適用されたのである。

幕府は軍団組織における戦闘要員の武士のみを支配者身分として固定する政策をとったので、非戦闘要員である幸若家はたとえどんなに将軍や幕府との関係が深かったとしても非支配者身分とされることになろう。幸若領の百姓たちは、明治に入っても「前御地頭桃井小八郎様」などと呼んで実質的な支配者であることを認めていた（山本吉左右『くつわの音がざざめいて』P162）。地頭とは江戸時代知行地を持つ旗本を指すことばである（『朝日町誌　通史編』P597）。

江戸幕府が崩壊し、明治元（1868）年十二月に幸若十五代小八郎家の桃井直純は父直尭代理として福井城内の御座所に呼び出され、天皇の使いである勅使四条殿、高倉殿の両殿から面謁勅書を読み聞かされ、直ちに勤王の事を請けさせられた（『越前幸若舞を知る100項』P212）。

明治三（1870）年二月、知行地の上地が命じられ支配権を失い幸若家のほとんどの者は何百年来の故郷を離れ東京に出てその多くは官吏となった。

幸若十五代小八郎家の桃井直純は、明治五（1872）年三月に東京士族となり、式部寮直丁・鳥取県判任官を拝命している。（「清和源氏桃井幸若家系譜」、『朝日町誌』P615、『越前幸若舞を知る100項』P212）

41　明治維新後の幸若末裔が気になるが

《幸若良敬（天頼軒節也）は教育家へ》

幕末より明治中期に亘りて、朝日町西田中に在住した教育家に「天頼軒節也」がいる。天頼軒節也は、幸若十三代徳左衛門家三十郎兼親の子良敬のことで、明治になると榎本敬次郎と名を改め、寺子屋（榎本塾）を開き近隣百姓の子弟に教育を行っている。のち小学校教員や戸長となり、明治十六年文部省より褒賞を与えられている（『朝日町誌』P614）。

明治四年七月には藩を廃して福井・丸岡・大野・勝山・鯖江の五県及び小浜県を設けた。同五年四月九日、庄屋年寄の称を廃して正副戸長を設け、十月には大区小区を建て区ごとに正副戸長を置いた。

朝日町関係（『朝日町史』P115）

第四十四大区

第三小区　戸数二七七　戸長　西田中村　榎本敬次郎

副　岩永村　大隆寺住職（日光上人）

栄　唯本

従って、大隆寺唯本日光師と榎本敬次郎との交際が親しくなった事は当然で、敬次郎は栄唯本日光師に帰依し改宗したものと考えられる。この時代に敬次郎家の遠祖累代の法名を大隆寺の過去帳へと移している。天頼軒節也の墓が朝日町岩開の大隆寺に現存し、同寺の過去帳にも没年等が記載されている。墓の正面には、南無妙法蓮華経と俗にいう鬚題目で刻されてあり、右面に法名「桃山院殿清香日頼居士」とあり、左側に辞世とも見るべき句と号の文字が刻されている。即ち「昼顔の盛りを人は眠里けり　天頼軒節也」とあり、墓の台石には「門弟中」とあるから、その門人等の建立したものであることが知られる。

大隆寺の過去帳に「明治廿八年五月　桃山院殿清香日頼　敬治郎」と廿三日の処にある。又大隆寺の「過去精霊簿」の明治廿八年の処にも、法名及び月日が誌されてあり、「西田中　榎本」とある。以上により、榎本敬次郎の没年時及びその法名を知るを得る。

大隆寺に記載されてある過去帳の法名と朝日村誌の幸若系譜と対照すると、榎本敬次郎累代の法名は、いわゆる幸若一族で、その遠祖桃井播磨守直常、次に幸若の元祖桃井幸若宮内少輔、その後裔の一たる幸若七代弥次郎誠重の弟で幸若七代徳左衛門（家系の祖となる）良忠の子孫が、いわゆる榎本家である事が知れる訳で、即ち大隆寺過去帳の三日の処に「慶応二寅　八月　安祥院雲山全洞居士（幸若十三代徳左衛門家三十郎兼親）敬次郎父」

とある。

『朝日村誌』によればその人は「三十郎兼親」の事で、その子が敬次郎（幸若十四代徳左衛門家三十郎良敬）である。而して同村誌には、「良敬　快蔵（明治に）改名　榎本敏次郎」とあり、敏は敬の字の誤りで、敬次郎である訳は『越前人物志』の系図に「敬次郎」とあるからである。この快蔵の名は「元治武鑑」にも見える。また『越前人物志』にも引用されている。村誌によれば徳川時代にその代々の人は皆徳川氏に出仕した訳で、敬次郎と共に三百石を食みた事が知れる。即ち徳左衛門等の名が享保・元文・天明・天保等の武鑑に見える事が村誌に記されている。

然るに明治維新後廃藩置県となり、幸若は姓を復して桃井と称する者、或いは榎本を姓と甫める者等が出来た訳である事は、（幸若十八代）八郎九郎の直孝の処に、「八郎九郎民弥　明治元年帰於　桃井氏　後列士族　三十二年一月十四日没（『朝日村誌』P208）とあるにより、類推して敬次郎等も榎本を姓とした。

西田中村初代戸長となり傍俳諧等をたしなみ、付近の人々にもその道を指導したのであろう。或いは同郷の山本扇山等とも交友があったであろうし、のみならず敬次郎の没後即ち日清戦争後、日本文化の高潮の一つに俳句等が隆盛を極めたものであろうと思われる事は、現在大隆寺本堂に掲げられてある「奉額」である。それは実に主催者夏盛（内藤清兵衛氏）の奉納するものであり、曙庵（虚白）等が選者であり、堅二尺八寸程・幅一丈二尺にも及ぶ「奉額四季発句合」で、各々の句及び俳号住所等を誌し、しかも当時の風俗を窺うに足るる、それらの人物も画いている豪勢なものである。この頃はあたかも唯本日光師の最上の地位の頃で、又これから最も困苦に進む時代でもある。又天頼軒節也の七回忌の年に相当する明治三十四（1881）年二月に出来た奉額である。

（附）栄唯本日光師に関しては、『鯖江郷士誌』P359、『常盤郷士誌』P172等の参照を要す。

幸若家の人々は「武門」という語を好み俳句で用いることが多かった。「雲山」は幸若十三代徳左衛門家三十郎兼親で、雲山の句として「山々の浪見るように今日の月三千老人」と見える。雲山の子が天頼軒節也である（『越前幸若舞』P157・『越前幸若舞を知る100項』P132）。

《東京都文化課からの手紙》

福井県丹生郡朝日町西田中の幸若十六代小八郎家の桃井龍雄（1881―1933）に宛てた一通の手紙がある。

手紙の差出人は、東京都教育庁文化課文化財調査主任の稲村坦元という人物からである。手紙の内容を要約すれば次のようになる。

稲村氏は知人の茨城県北相馬郡守谷町大柏の長谷川亀太郎氏から。同家で死去した劔客桃井直誠についての調査を依頼されたため調べてほしいというものである。長谷川氏の話によれば桃井直誠は相当の劔客であり、生前は備前長船住助定の長刀を所持していたが、この刀はその後村内の某人の手に渡って明治の末か大正頃に八千円で売られたという話もある。長谷川氏は非常に義侠的な人であり劔客桃井直誠の墓の守りをしているが、自ら供養碑を建てるために、この劔客の碑文の撰文を稲村氏に依頼してきたとある。

稲村氏が色々と調べて見ると、この墓碑には表に桃誉義興直誠大徳、明治二十一子年正月十六日死去、裏に越前国之人桃井直誠とあり、戸籍調べから士族前戸主、左兵衛長男、桃井直誠、文政五年十二月二十二日生まれ、明治十九年八月二十一日東京都神田今川小路士族桃井佐兵衛長男入籍であることがわかった。また、この劔客は『越前人物誌』から調べて幸若家歴代のうち幸若十四代（十五代が正しい）弥次郎左兵衛直包、天保十四（1843）年七月二十日卆、享年六十八年と記載があるが、その人の子供ではないかと思われるので教えてほしいというものであった。

要するに、この手紙の中に出てくる劔客桃井直誠とは、幸若十六代弥次郎（桃井）直誠（1822—1888）六十七歳のことであった。

父の幸若家十五代弥次郎（桃井）直包は天保十四（1843）年に六十八歳で既に死去しており、この時二十六歳であった桃井直誠は、幸若家十六代弥次郎を継いでいる事からして現役の幸若大夫であったはずである。

この手紙の文面から見て、徳川幕府崩壊とともに幕臣を解かれ福井県を離れ、明治十九（一八八六）年には六十五歳で東京都神田今川小路に入籍した後、自慢の家宝の刀を所持し旅に出た後、その旅先にて死去したものと思われる（『越前幸若舞』P159）。

42　高野辰之（号班山）と幸若舞

《桃井幸若家に関する質問状》

文部省図書係高野辰之氏が、明治四十（1907）年九月七日付質問状を朝日町役場に提出した。役場の返答内容を紹介しよう。

一、幸若家は今幾家に分れ居るか
（返答）本家と称し来りたる方弐軒、又分家と称したるもの三軒あり
二、最も老人は何歳位の方か、又舞をなし得る者の姓名
（返答）老人は六十五・六歳位、然し其舞とは云はず音曲と称す。来る世上舞と云伝ひたるは何か間違ならん。音曲を知るものなし
三、領地奉還後の状態（職業其他）
（返答）旧領地に残り居るもの、又東京□□地□在る。職業は官吏、商業なり。□□□等にして元三件の中一家は□□□、元八郎九郎並小八郎家のものあり。
四、何かの機会に年々此舞をなすいふ様の事ありや
（返答）無し

五、系図ありや、又ありとしても其系図は初代より明治維新後迄記入してありや
（返答）初代より□田有。□さるものあり。尚詳細のものは目下取調中
六、舞いの本に如何なるものありや、其目録
（返答）音曲の本は写したるものあり、目録□□の通り。
七、幸若家伝来のものに如何様のありや
（返答）先祖幸若直詮の絵像（探幽斉写伝の筆）あり
八、敦賀の分家ありと聞く、現状如何
（返答）目下、東京小石川区小日向台町三丁目一九一九桃井□方。敦賀郡田島村を領し居りしなり相続人は（以下欠失）恐入候得共右八件御高教御仰度、もし御参考の為の御入用とあれば、大江の幸若舞の現況は御役場なり幸若家へなり私より委細御報告申上候てもよろしく御座候

この返答文を書いた幸若十六代小八郎家の桃井龍雄（１８８１―１９３３）氏は、十七歳で朝日村役場に勤務し、後に郡役所へ移った。明治四十年に龍雄氏は二十六歳である。

（『越前幸若舞を知る１００項』Ｐ１７１）

《幸若舞詞曲に魅せられて》

明治後期の『新小説』という本の中で、高野斑山が、雑録「大江の幸若舞」という記事を書いている。その一部を紹介してみよう。

七、八年以前のこと、近松の時代物を読んでみると、「まま舞」という曲節付けがあるので何の舞かとだんだん調べてみると、それが幸若であることがわかった。そこでいろいろと捜索の結果、幸若舞の詞曲三十余番を手に入れて、今更に室町文学の豊富なのに驚いたことであった。

その後、馬琴の烹雑の記を見ると、この舞が筑後の大江村に残っていると記してあり、また、貞享あたりから近く慶応ごろまでの武鑑を見るとやはり舞大夫幸若某とあるので、この幸若の家元の住んでいる越前か筑後かどちらかに残っていようが、是非一度は見たいとの希望を抱いたのであった。

当時、幸田露伴がこの舞の詞を調べておられるという事を聴いて同氏を訪ねて「越前はもはや絶えたとの事だが、大江にはまだあるということを此頃聞いた。」との消息に接した。

これは明治三十六年あたりの事であったが、今年の夏筑後に旅行して同地の有力家成清博愛氏等の尽力によって、数年来の素志を果したのである。

幸若は今こそ微々として餘端《よせん》を筑後の片田舎に保ったに過ぎないが、その歴史は古く、室町時代を通じて徳川の中世元禄あたり迄は、左まで能に譲らない勢力のあったもので、武鑑においても能より上席に置かれ、舞いの大夫は徳川の旗本並に取り扱われたもの、詞曲は又、主として国民伝説の武的方面を代表するもので、後代文学にも随分影響を与えたものである。浮華軽薄の元禄頃からしては、武を眼目の舞よりも、花やかで悠長で変化の多いのが世の好尚に適合して、幸若は頓《とみ》に衰えてしまったのである。この事は春臺《しゅんたい》の濁語や新見法人の昔話にも記してある。

三人寄れば買色の品定めにうつつをぬかす時代となってしまって、舞に謡うところの古雅な上品な物哀れな戀物語位では時代が満足しない様になってしまったのである。安政慶応あたりには、年始の御礼として将軍の前にでるだけとなって、王政維新と共にこの越前の家元はまず絶えてしまったのである。幸若の一派大頭（大江）だけが今に伝わっている。ともかくも珍とするに足るもの、同時になんとかして保存したいものである（『越前幸若舞』P14）。

43　福岡県に残る幸若舞（大頭流）

徳川幕府崩壊とともに越前の幸若舞は消滅し幻の芸能となったが、幸若舞の流れが今でも継承されているところがある。

福岡県山門郡瀬高町大江に残っている大頭《だいがしら》流幸若舞である。江戸時代に柳川藩の年中行事として毎年一月二十日に城内で演舞が行われていたのと同じ日に、今も氏神天満神社の幸若舞堂において幸若舞が奉納されている。

大頭流幸若舞と越前の幸若舞とは違うのであろうか。越前の幸若舞は大夫が将軍家に仕え家臣となり格式を重んじ一子相伝的に継承されていったものである。反対に大頭流幸若舞は庶民の中に根をはって民間で活躍し、弟子に伝承される家元制にて、継承されていく世襲制ではない。

大頭流を開いたのは由緒によれば、越前の幸若二代弥次郎家の弟子で後柏原天皇の北面の武士であった山本四郎左衛門であるといわれている。この人は生まれつき頭が大きく大声であったところから大頭と呼ばれた。この山本四郎左衛門の弟子に百足屋善兵衛という人がおり、そのまた弟子に京の町人で大澤次助という人がいた。この大澤次助が天正十

（1582）年に筑後にある山下城主の蒲池鑑運《かまちあきむね》に招かれて大頭流幸若舞を伝えたのが、福岡県山門郡瀬高町大江に残っている大頭流幸若舞であると言われている。その後領主や住民の庇護、協力により独自の家元制をとり大切に継承されていったのである。越前の幸若舞とは全く別の路線を行くものとなる。徳川幕府家臣としての越前の幸若舞に対し、民間に根を張って活躍した大頭流の大江の幸若舞は今日伝存する唯一の幸若舞として日本の芸能史上極めて高く評価されている。

越前の幸若舞姿を想像するには、現存する大江の幸若舞を見るしかない。福岡県大江天満神社の幸若舞堂での舞演を見てみよう。

舞台後方に張られた幕を見れば、中央に「陰陽の菊」（大頭流百足屋善兵衛家）、上手に「五七の桐」（越前桃井幸若家）（注：幸若小八郎家は五三の桐を使用）、下手に「下り藤」（筑後山下城主蒲池家）の家紋入りである。（『越前幸若舞』P162）

舞台中央では大夫が朗吟し、大夫の両脇には、朗吟の副役であるシテが舞台上手に、ワキが舞台下手で、立烏帽子、素袴上下、小刀、扇の装束をした三人が並んでいる。舞台中央のやや後ろ方には、床几に腰を下ろし鼓と掛け声で全体の拍子をとる役の鼓方がいる。

所作も舞とは言いながら、舞方が前進後退し、ツメで大夫が舞台上を鼓形を描いて拍子をとり謡いながら、舞台を足踏み鳴らす返閇《へんばい》型の歩行をするだけで、あとは「構え」という両手を横に張り袖口を折る。ある時は一人で、また二人で、さらには三人同音で朗吟をしている。座礼に始まり座礼で終わる（新日本古典文学大系『舞の本』P695）。

44　幸若舞の語り台本と『舞の本』

舞の本は、室町後期から江戸初期まで流行した幸若舞（曲舞《くせまい》）の語り台本を読み物用に転用したものの称である。

幸若舞は舞芸であると同時に語り芸でもあったので、当然その語り台本である幸若舞曲正本の実態の研究が大きな研究領域を占めている。正本類については笹野堅氏が『幸若舞曲集』中に正本を紹介されている（新日本古典文学大系『舞の本』P595）。

《幸若二流の正本》

現存する幸若舞の正本は、幸若系と大頭系との二系統に分けられる。伝幸若小八郎本（慶応図書館蔵）・内閣文庫本・毛利家本等は幸若系である。上山宗久本・大頭左衛本（いずれも天理図書館蔵）は大頭流である（麻原美子「幸若舞の流派とその詩章」「国語と国文学」）。

また、幸若系独自の曲目とか大頭系独自の曲目とかいうのはなく両者は重なり合っている。詞章の上から見ても幸若系と大頭系とに分かれるのは事実だが、その異同は大きいものではなく、書承段階で生じたものが主であると考えられる（池田廣司氏の幸若舞「高館」の校本研究「和光大学人文学部紀要」十三参照）。

《幸若舞を舞の本として読む》

まず始めに幸若舞を「舞の本」として読もうとしたのは、貴族・僧侶・隠者等であったとみてよい。次の二例は内裏での夜の宿直に参内して、お伽として曲舞の本を正親町天皇の御前で読んだ記録である。

○『私心記』永禄二（1559）年三月四日条に、「暮々御番ニ参。於御三間曲舞之本八島一番被読之。相番予茶々丸代公遠朝臣公卿代両人也」。

○『言経卿記』永禄十（1567）年十一月二十五日条に、「暮々参内。先参御湯殿上。…次又参御前。曲舞本敦盛一本読之」。

ここでは「八島」と「敦盛」の二本だけであるが、輪番でおそらく他曲も読んだに違いないと思われる。天皇は曲舞本を読む一方で幸若大夫に舞を上演させており、芸能として舞大夫の舞姿や語り口を楽しむと同時に、その語りの物語性に興味を引かれ、読み物として楽しむという享受がなされていた。これはおそらく京都文化の担い手である貴族・僧侶・隠者等の知識階級に共通したものであろう。越前に本拠を置き、徳川幕府の式楽としての権威をもって正本を直弟子以外、門外不出とした守秘的な越前幸若流とは異なり、常時、都にあって、貴族達にもてはやされた町衆芸能であった大頭流の語り台本がまず読み本化され、果ては板本に仕立てあげられるのは時間の問題であった。

最も大量に印刷され、広く流布したのは、絵入りの十行寛永整版本『舞の本』であり、これは慶長古活字板を版型に取って整版印刷したもので、四十番を数えることができる。

なお絵入本ということで付言しておきたいのは、奈良絵本と舞の本絵巻について、奈良絵本は概して岩絵具で彩色されたやや稚拙な感じの大和絵風の挿絵をもつ冊子である。また、絵巻は奈良絵本と異なり、一流の土佐派の絵師によって描かれたと思われる。豪華絢爛たる逸品で、おそらく棚飾り用の大名献上本として製作されたもので、成立時期も寛文頃から元禄期かけてのものと推定される（新日本古典文学大系『舞の本』P597）。

《幸若舞は聖なるしぐさでありことばである》

『舞の本』は、軍記物の『平治物語』『平家物語』『義経記』『曽我物語』『太平記』を典拠としたり、それと関わりの深い内容のものが殆どを占めており、いわばそれらの一種の翻案物ともいえるのであるが、単なる翻案とは違い、そこにはまぎれもない独自の文芸世界が息づいているのである。

先ずは、独自の世界の根底に深く根ざしている特殊な力を持つ神の代行者でもあった。こうした存在の為すこと言うことは聖なるしぐさであり、ことばである。

幸若舞曲はこうした聖なる時に演ずる〝語り〟を基軸として形成された語り物である。例えば「浜出」「夢合せ」「馬揃」は明白に頼朝にかかわる祝言曲である。おそらく戦国武将の将来を祝福して演じられたものであろうし、「木曽願書」「硫黄が島」は所願成就の予祝の意味がこめられた出し物であったといえる。

また特に祝言性が明確でなくても、主人公の末繁昌のめでたさをもって語りの結びとするのは「百合若大臣」「信田」「伊吹」「伏見常葉」「烏帽子折」「四国落」である。この「末繁昌と聞こえけり」の結語部は諸本を通じて異同のない定型句で、語り物として演じた意味を強調する呪的メッセージである。

特に曲節構造からいうと、最終的はツメという斯芸に最も重要な曲節が必ず付されるのであり、舞大夫の所作も四隅の悪魔を鎮斎して結界すべく反閇的所作で踏み堅めて廻る型を演じるのである。音声も一段と声高に発声するノルという語り口の指示がなされるのであり、ことば・音声・しぐさの三者合体によって絶大な効果の発動が期待されるのである。

義経や曽我兄弟の物語は、語る事によって慰撫されて、すさまじい霊威が社会的に葬られかねない存在に、善神としての加護を与え、運命の転換除災招福が現実のものとなることをねらった語り物であった（新日本古典文学大系『舞の本』P602―603）。

《表現世界から特質をみる》

第一に説経唱導的性格が指摘できる。例えば「景清」では、『平家物語』に登場する平家の残党の後日譚を景清一人に集約して、干死をしたとする景清とは全く別の観音信者で観音の霊験を受けて処刑を免れた超人的景清を造型するが、その観音の霊験譚は『法華経』の観世音菩薩普門品の経説を土台に、堅固な詰牢に投獄された景清が、観音経を唱えて牢破りをする話を作り、処刑された景清は観音の身替りであったりと、二重三重の観音力が語られる。まさに「景清」は『法華経』観世音菩薩普門品の霊験譚なのである。この『法華経』の説経、談義が目立つのは「和田酒盛」「小袖曽我」「十番切」「伏見常葉」「常盤問答」「大職冠」である。「常盤問答」における東光阿闍梨と常盤が交わす法問答の常盤の女権論は『法華経』の立場からなされている。

次に指摘したいのは揃え物形式である。『平家物語』に認められた語り物の特質を更に一段と強調して、聞かせ所を場面的に劇的に強調していく方向に一歩踏み出した特徴を見せていることである。その一つは揃え物形式である。「烏帽子折」には、「熊坂長範」を首領とする盗賊揃えがある。盗賊の襲来に用意怠りない牛若の衣裳の絢爛豪華さは、所謂婆婆羅ぶりにも通じる衣裳づくしで、この非現実的衣裳はこれを身につける人間の神秘性、超人的英雄性の象徴ともなっている。

同一手法で一風変わっているのが「大職冠」の万戸将軍の仏法護持の装束と、阿修羅の悪業揃えの装束である。その他、〝怨霊鎮撫〟〝調伏〟〝合戦での奮戦〟〝読み物を読み上げる〟〝宿場での遊び〟〝酒宴〟等々、聞かせ所は、いずれも動作が具体的表現で活写されており、これらの表現は即座に演技を導き出す導火線ともなっている。近世の人形浄瑠璃の人形の所作、歌舞伎劇の所作事の様式性は、舞曲様式に淵源があり、そこで培われたものと考えるのが穏当である（新日本古典文学大系『舞の本』Ｐ６０４）。

《『舞の本』のことば》

『舞の本』のことばについては、ロドリゲス著『日本大文典』（１６０４―１６０８）の次のような記述（土井忠生訳）が知られている。

「舞（Mais）」の文体は、日本で通用している甚だ丁寧で、上品な談話のと同じである。話し言葉と書き言葉とを混合したものであって、誰にでも理解される。この文体は、一種の音調や歌の調子で朗誦されるように非常な技巧が加えてあって、その話が色々な感情を喚び起こして、人に快感を与えることを目的とするのが普通である。文中の語とその調子は一種の韻律の形式によって組み立てられている。

宣教師ロドリゲスは、日本の様々な文書の文体にふれた部分で述べたもので、このような「舞」の文書を「草紙」とともに日本語学習のために読むべきものとして取り上げている（新日本古典文学大系『舞の本』Ｐ６１６）。

ロドリゲスは、多数の語彙を『舞の本』から採録している。『日本大文典』は、17世紀初頭にポルトガル語で書かれた日本語の「文法の書」で、イエズス会宣教師ジョアン・ロドリゲスによって編集され、現存する最古の「日本語学書」であり、中世後期日本語の貴重な参考資料となっている。

昭和三十四（１９５９）年七月、「幸若舞の本」は、岸信介首相が英国へ贈与し、大英図書館の所蔵品となっている（『越前幸若舞を知る１００項』Ｐ２１５）。

あとがき

織田信長が好んで舞った人間五十年「敦盛」は幸若舞である。

本書は、室町中期から明治維新にいたるまでのおおよそ四百五十年にわたって演じ続けられた幸若舞の歴史について残されている数多くの文献を紹介し、時代を追ってまとめたものである。

徳川幕府崩壊と共に絶滅し、その姿を消した幻の芸能と言われ、世間では知る人がほとんどいないといってよい「幸若舞」の貴重な歴史を多くの人に知って頂ければと出版する事にしました。

幸若大夫は、舞の本の詩・ことば（言霊）に、音曲（感情）を加え、舞動作による視覚（聖なるしぐさ）によるところのパワーを持った幸若舞によって、天皇や足利将軍家・貴族等を楽しませ、また、時代時代の名だたる武将たちと共に戦場に赴き、その心の支えや心の隙間を埋める感情に満足度を与え大きな役割をしてきたという幸若舞の歴史を考究できれば幸いである。

（著者プロフィール）

竹内輝雄（たけうち　てるお）

1946年12月16日生。
幸若一族それぞれに系図がある。これらの一体表記化に欠かせない漢字処理機能搭載コンピューターが昭和53（1978）年頃登場、これにより、昭和54（1979）年から平成6（1994）年までの16年間にわたり父桃井龍一記「清和源氏桃井幸若家系譜」（平成6年）編成作業に協力従事する。
著書『越前幸若舞』（2000年）。

幸若舞の歴史

2024年10月29日　初版第1刷発行

著　　者　竹内輝雄

発行・発売　株式会社 三省堂書店／創英社

〒101-0051　東京都千代田区神田神保町1-1

Tel03-3291-2295

Fax03-3292-7687

印刷・製本　株式会社 丸井工文社

ISBN 978-4-87923-274-8　C0095